学ぶ意欲の心理学

市川伸一
Ichikawa Shin'ichi

PHP新書

学ぶ意欲の心理学

市川伸一
Ichikawa Shin'ichi

PHP新書

はじめに

この本の趣旨は、「やる気」とか「意欲」というものが心理学でどのように考えられているのかを知っていただき、読者が自分や他者の学ぶ意欲について見直すきっかけにしてほしいということです。学ぶ意欲、働く意欲など、日常生活の中で「やる気」が問題になることは多くありますし、心理学の中でも「動機づけ（motivation）」と呼ばれて昔からさまざまな分野で扱われているテーマです。当然のことながら、心理学での考え方も一様ではありません。時代によって盛衰はありますが、百花繚乱《りょうらん》といってもよいほどです。本書では、まず第1章でそれらを概略的に紹介すると同時に、私自身の最近の理論的枠組みも示したいと思います。

第2章と第3章では、それぞれ動機づけの心理学に対して少し批判的な意見を述べている方の論を取り上げます。第2章では精神科医の和田秀樹さんです。和田さんは近著の中で、教育心理学での動機づけの考え方を引用した上で、精神分析の考え方や世界の教育界の動向との違いを述べています。まず和田さんの引用自体についても少し異議のあるところがありますし、本当に教育心理学は精神分析や世界の教育界と反対のことを言っているのかどうかについて検討します。そして章末には和田さんとの対談を収めます。

第3章は、私の同僚でもある東京大学教育学部の苅谷剛彦さんとの討論です。苅谷さんは教育社会学の立場から、『中央公論』の二〇〇〇年七月号に「俗流の教育心理学が今の教育界に望ましくない影響を及ぼしている」という主旨の論文を書いています。それについて本当にそういうことがあるのかどうか、そもそも「俗流の教育心理学と正統派の教育心理学はどこが違うのか」ということをまず私から説明します。さらに、教育心理学の動機づけ理論をどのように理解すれば、教育にとって有意義な考え方が生まれてくるのかということを、やはり対談を通じて浮き彫りにできればと思います。

最後の第4章では、心理学における動機づけの理論を学習意欲に結びつけるにはどうしたらいいだろうか、ということを具体的にお話ししたいと思っています。それは理論から直接というより、こうした理論を知った上で私自身がこれまでの自分の経験や教育研究を考え合わせて「こんなふうに考えると、理論で言っていることが生かせるのではないか」ということです。ぜひ、読者の方も、一人一人が自分にとって有意義な考え方を、本書の中のさまざまな考えと対話しながらつくりあげていってください。

なお、本書は口語調のかなりくだいた文体で書かれていますが、実際に、口述を収めた録音テープをおこしたワープロ原稿を筆者が編集して作成したものです。二日間にわたり聞き手となっていただいたPHP研究所学芸出版部の小木田順子さんの的確な質問とアドバイスにより、本書がより読みやすいものとなったことを感謝いたします。第1章と第4章のQ&Aの部分は、小木田さんとのやりとりを再構成したものです。また、お忙しい中、対談に快く応じてくださった和田秀樹さんと苅谷剛彦さんにも厚く御礼申し上げるしだいです。最後に、こうしたスタイルと内容の本にしたいという筆者の申し出を快諾してくださったPHP研究所に感謝いたします。

二〇〇一年八月

著者

学ぶ意欲の心理学　目次

はじめに

第1章 動機づけの心理学を展望する

第2章　和田秀樹氏との討論

第3章　苅谷剛彦氏との討論

第4章　自分のやる気を引き出す環境づくりと意識づくり

第1章
動機づけの心理学を展望する

1 職場における動機づけ

動機づけとは

心理学の分野では「やる気」とか「意欲」のことによく**動機づけ**という言葉を用います。ちょっと硬い言葉ですが、しばしば出てきますので、ひとまずこの言葉を知っていただきたいと思います。英語では「モチベーション (motivation)」です。

この動機づけ、モチベーションという言葉には、二つの意味合いがあります。一つは、もと「モチベート (motivate)」という他動詞ですから、他の人を動機づけるという時です。「誰かがこんなふうな気持ちになるように仕向ける」という意味です。たとえば「教師が生徒を学習に動機づける」という言い方をする時があります。

もう一つは、人間はいろいろな動機をもちますけれども、その個々の動機の基礎には、ある基本的な欲求のようなものがあります。その基本的な欲求のことを指して「動機づけ」と言うわけです。「彼はこんな動機づけが強い（高い）」という言い方をする時には、その動機づけというのは彼の心の中にある欲求のことなんですね。ですからその時には、「動機づけ」というのはイコール「欲求」だと思っていただいてほとんど間違いありません。

心理学の本を読んでいても、これら二つの使い方が出てきます。人を動機づけるという時と、自分の中にある欲求ということで、二つの意味に使われるということはいちおう知っておいたほうが混乱しないと思います。

経営心理学における動機づけ

動機づけについては、心理学のいろいろな領域で昔から話題になっています。その中で一つの柱は、「経営心理学」あるいは「組織心理学」と言われる領域での研究です。経営心理学といえば多くは会社の経営です。そこでは、どうやって労働者に働く意欲をもってもらうかということが大きなテーマです。組織心理学という言い方も、企業組織を指していることが多いんですね。ですから共通するテーマを扱うことがよくあります。以下では、ひとまず経営心理学と呼んでおきます。この領域では、要するに「やる気」というのは働く意欲のことです。どうすれば労働者に一生懸命働くようになってもらえるかが問題になります。

一昔前でしたら、「労働者は何のために働くか」と聞かれたら、まず**経済的動機**をあげたと思います。「人はなんで働くか」と言えば、要するに「働いてお金を稼ぐためだ」という答えが当然のように返ってきたはずです。その経済的な動機ということは、何か生理的な欲求を満たすことに最終的に結びついているものです。たとえば、おいしいものを食べたい、快適な家に住みたい、いい服が着たいということです。お金というのは、そういう欲求を満たす二次的な価値をもったものですから、とりあえずはお金を稼ぐということですけれども、最終的には何か生理的な欲求を満たすため、ということが労働者から迷わずに答えとして返ってきたのではないかと思います。十九世紀の工場労働者たちは、一日十二時間とか十四時間とか働いていたといいます。「何のためか」と問われれば、「それはきょうのパン、明日のパンのため」ということでした。これは当然のことと考えられていたのです。

ところが、だんだん生産力が上がってきますと、給料のために働くというだけではなくなってきたわけです。一九三〇年代頃に強調されたのは**親和動機**というものです。これは職場における人間関係を重視する考え方なんですね。この考え方が出てきた背景には、アメリカの**ホーソン実験**というのがあります。ホーソンというのは土地の名前です。イリノイ州ホーソンというところがあって、ウェスタン・エレクトリック社という大きな電機会社がそこで労働条件と生産高の関係を調べる大規模な実験を行っていたのです。いろいろな労働条件にしてみて、その時の生産高はどうなるかということをつぶさに見ていこうとしたわけです。

たとえばある一つの実験では、物理的な条件をいろいろ変えて生産高を調べていました。照明をどれくらいの明るさにするかとか、休憩時間をどれくらいの割合ではさんだらいいだろうかとかいうさまざまな条件で実験してみました。その最後に、では思いきり劣悪な条件にしたら、どれくらい生産高が下がってしまうだろうかということを測定しようとしたのです。ところが、その劣悪な条件にした時に、全然生産高が下がらないということがあったんです。すると、物理的な環境条件だけが生産高（その背景にあるのは労働意欲ですが）を規定しているわけではなさそうだ。いったいこのグループはどうなっているんだろうかということが問題になりました。

それは女子工員のグループだったんですけれども、まず仲間同士の関係が非常に良かったのです。それから上司との関係もいい。あまり上司が口うるさくノルマを課したりせずに、自分のペースで気持ちよく働けるという雰囲気になっていた。どれぐらい労働意欲がわくかということは、むしろそういう職場における良好な人間関係があるかどうかという心理的な要因に大きく規定されるのではないか、ということが言われるようになりました。

さらにこのような何か新しい試みをしている時というのは、人間はけっこうやる気が出るものです。「私たちの工場では新しい取り組みをしていて、自分たちはその研究に協力している参加者である」となれば、意欲がわいてきます。新しい学校ができて「日本で初のインターネットを使った授業の試みをやっている」などということになると、先生も生徒もがぜんやる気が出たりします。そういう効果のことをホーソン効果と呼んでいます。何か新しいことに取り組んでいる時に、その誇りからやる気が出てくるということ。これも心理的な要因です。

アメリカではこの後「人間関係運動」が職場で盛んになります。職場における人間関係の改善ということですね。これは一九三〇年代の話ですが、その後さらに生産高が社会全体で上がってくると、**達成動機**ということが言われるようになります。研究として盛んになるのは一九五〇年代からです。達成動機とは、「何かやり甲斐のあることを成し遂げたいという欲求」のことです。職場で働くというのは、単に働いてお金をもらって帰ればいいというだけではなくて、むしろそこで何か意義のある仕事をしたい、自分がこういうことをやりたかったんだと思えるような仕事をやり遂げたい、仕事を通じて成長したいという気持ちが強くなってきます。

日本でも昔、リクルート社のコマーシャルで「ヤリガイ」という貝を背中に背負ったサラリーマンが出てくるのがありましたね。十九世紀風の考え方ですと、労働者というのはできるだけ少なく働いて、できるだけ多くの給料をもらって帰りたがるものと思っていたかもしれません。経営者側も労働者をそういう存在だと見て、逆にできるだけ少ない給料でたくさん働かせようとしていたかもしれませんね。しかし、最近の経営者は、いかに労働者一人一人にとってやり甲斐のある仕事を企業の中でやってもらうかを考えるし、また労働者も職場にそういう欲求を持ち込んできます。以上のように、経済的動機、親和動機、達成動機という三つの考え方というのが、経営心理学の中では順に出てきたわけです。

動機づけの階層性

これらの理論はそれぞれ人間の働く意欲のある側面を突いていることは確かだと思います。けっしてどれか一つが正しいというものではありません。しかし、ただいろいろな動機があるというだけではなく、これらを統合する考え方の一つとして**階層性理論**というのがあります。この理論を唱えている代表者の一人はマズロー（A. H. Maslow）です。彼の理論は、もう経営とか組織とかいうことを超えた、人間の欲求についての広いものになっています。

人間の欲求というのは、低次のものから高次のものへと至る階層性があるというんですね。まず生理的欲求や安全を求める欲求がある。これらは個体が生きていくために不可欠のもので、一番基本的な欲求です。低次と言ってもある意味では一番大事なものです。生存するために必要なものですから。しかし、それが十分満たされると、親和動機のような人間関係的な欲求が出てくる。たとえば、ある集団に属して愛情を受けたいとか、他の人たちから認められたいという欲求が出てくる。さらにそういう人間関係的な欲求が満たされると、こんどは個々の人たちの自己実現とか成長の欲求が出てくるというわけです。

この階層性理論というのを私がおもしろいと思うのは、いろいろな動機がある中で、そこに一定の方向づけをしたことと、「低次の欲求が満たされて初めて高次の欲求が出てくる」という考え方を導入した点です。低次の欲求がある程度満たされないと、高次の欲求はなかなか出てきにくいということです。一人一人が明日のパンが食べられるかどうかと考えている時に、「みんなで仲良く気持ちのよい職場を」と言っても、なかなかそういう気持ちは出てこない。人間関係がうまくいっていないのに、一人一人がやり甲斐のある仕事にうちこんで自己実現をはかるといってもむずかしいということですね。

これは、時代が進むにつれて生産性が上がると、どういう動機が強調されるようになってくるかということもよく説明していると思います。つまり、低次の欲求が満たされるので、より高次の欲求が出てくるわけです。また、この階層性というのは、動物の進化の順序にも沿っているのではないかなと思います。生理的な欲求というのは、基本的にはすべての生物がもっています。ところが自己実現の欲求なんていうのは、これは下等な生物というと失礼かもしれませんけれども、ネズミとかネコとかにはおそらくないだろう。次の節での話題になりますが、霊長類になってくると、知的好奇心や熟達への欲求のようなもの、つまり、何か新しいことを知りたい、理解したい、うまく成し遂げたいと熱中するという行動が見られます。人間だと、まさにそういう欲求が強いわけですね。

以上が経営心理学のほうから発した動機づけ研究の基本的な流れです。もともとは「人間はなぜ働くのか」という話なんですが、私は学習や教育、特に学校教育を考える時にも、とても大事な考え方だと思っています。学校というのがまず安全な場所で、先生との関係、友だちとの関係も良好であるという状態をつくらないと、なかなかその先、学習自体に興味がわくとか、スポーツや勉強でがんばろうという動機を喚起されるようにはならないのではないか。ですから労働意欲だけではなくて、「学習意欲」を考える場合にも、参考になる考え方ではないかと思っています。

2 基礎心理学での古典的研究

アメとムチの動機づけ理論

一方、基礎心理学のほうではどうだったかを見てみましょう。基礎心理学というのは、主に実験的な方法で、人間や動物の感覚、知覚、記憶、学習、思考などの特性を明らかにし、そのしくみを理論化していく分野です。ここでは、伝統的に二つの非常に大切な考え方があります。**外発的動機づけ**(extrinsic motivation)と**内発的動機づけ**(intrinsic motivation)です。これは心理学の教科書には必ずといっていいほど出てくる大事な用語です。

外発的な動機づけのほうは、学習するためには、これは人間も他の動物もですが、何か物質的な賞罰とか、賞賛・叱責が不可欠だと考えます。もともとこういう考え方が出てきたのは十九世紀末から二十世紀半ばまで一世を風靡《ふうび》していた**行動主義**(behaviorism)という理論からです。行動主義というのは進化論の影響を強く受けていて、人間と動物を連続的に捉えます。つまり、人間も動物も学習の原理は基本的には同じだと考えます。それならばということで、動

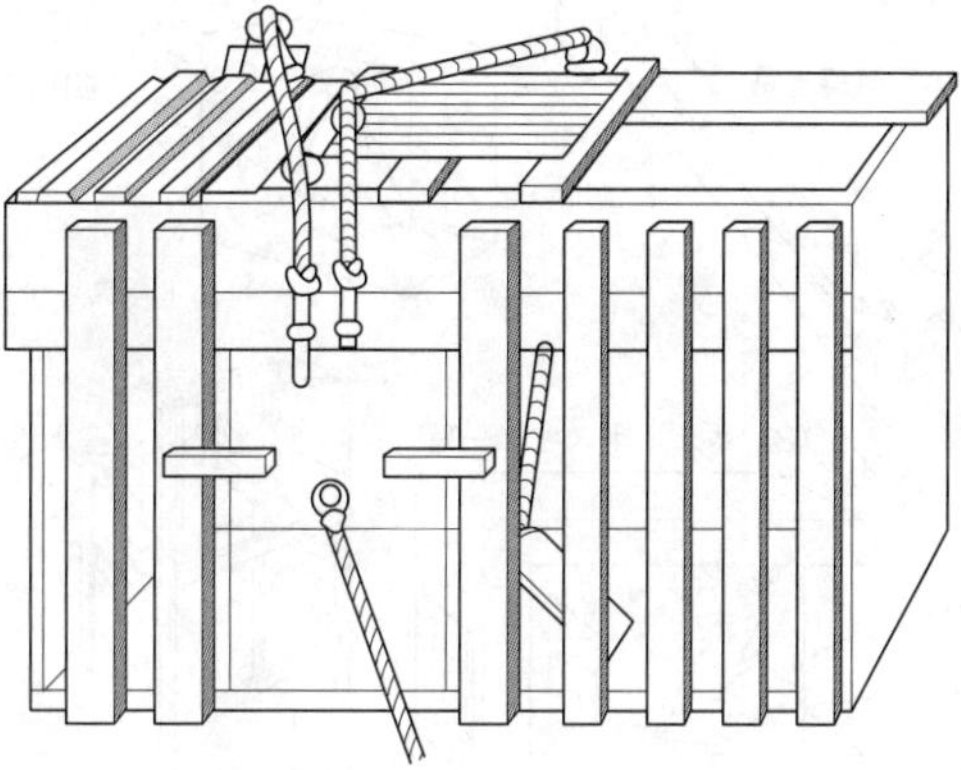

図１－１　ソーンダイクの問題箱

物実験がたくさん行われました。原理が同じであれば、動物のほうが実験しやすいですし、いろいろな条件をコントロールできて便利だからです。

たとえば図１-１は十九世紀の終わり頃ソーンダイク（E. L. Thorndike）という心理学者が考案した**ネコの問題箱**という装置です。この装置の中にネコを入れます。ネコは狭苦しいところに入れられたので、もがいています。ところが、この箱には仕掛けがしてあって、たとえばある棒を倒すと外に出てきてミルクが飲めます。この箱にネコを入れてから出てくるまでの時間を測ります。すると、最初はわけもわからず闇雲に行動していますから、出てくるまでに時間がかかる。偶然とった行動が適切なものになっていると出られるわけですね。二回目に入れる、三回目に入れる、何回も繰り返していると、ネコはやがて、入れたらすぐ

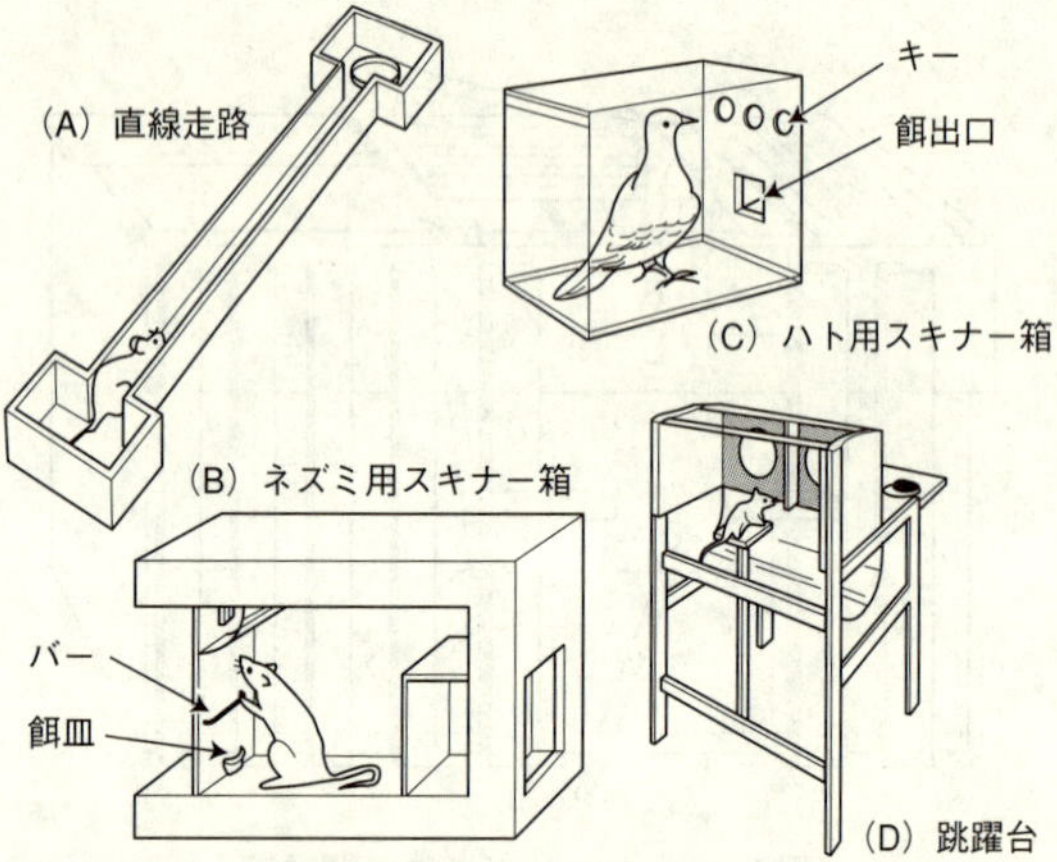

図1-2　動物の学習に使われるさまざまな装置

にその棒を倒して出てくるようになります。何かをやった時に報酬を伴わせるということを繰り返せば、その行動がだんだんスムーズに行えるようになることを実験的に確認したわけです。

その後もいろいろな動物実験がなされます。図1-2(A)はネズミ用の直線走路ですね。これはもう単純です。ゴールに行けばエサがある。最初はウロウロしていますが、だんだんササササッとスムーズに走ってエサにありつくというふうになります。(B)はスキナー（B.F. Skinner）という人が考案した有名な**スキナー箱**です。バーを押すと、エサがここから出てくる。最初は偶然押すわけですけれども、だんだんに、入るとすぐにバーを押して自分でエサを取るようになります。(C)はハト用のスキナー箱です。どれか正解のボタンを突つくとエサが出るというしくみになっています。(D)は

「跳躍台」というんですが、ネズミはここからどちらか正しいほうに飛べば、向こう側に出られてエサがもらえる。間違ったほうを選ぶと、下に落ちます。次の試行もありますから、落ちて死んでしまわないように下には網が張ってあります。繰り返しているうちに正しいほうを選べるようになっていく。こういう学習を**弁別学習**というんですけれども、これによって、たとえば○と□という図形を区別することができるかとか、そういうネズミの知的能力がわかってきます。

行動主義の心理学では、動物を対象にした学習の実験がたくさん行われて、いったいどんな条件にすればスムーズに学習が起こるか、また一度やった学習が忘れにくいか、という研究を積み重ねてきたわけです。そこで強調されてきたのは、「何度も反復することが必要だ」ということと、「賞罰を伴わせないと学習はなかなか成立しない」という原理だったんですね。

刺激を求める人間

外発的な動機づけが重視されたのは十九世紀末から二十世紀前半にかけてです。十九世紀後半に近代の科学的心理学というものが成立したわけですが、一九五〇年代くらいまではこういう行動主義的な理論が優勢でした。ところが、それに対する批判がだんだん起こってきます。行動主義の考え方では、動物にしても人間にしても、もともとはあまり活動したくない、要するに怠け者の存在だという前提があったわけです。何か生理的な欲求が起きる。あるいは何か不快な状況に置かれた時、たとえば実験者が電気ショックを与えれば、「逃げたい」という欲求が起きて行動が生じます。そしてその欲求がおさまると、また活動しなくなるという行動モデルがあったわけです。

このような説のことを、心理学の用語では**動因低減説**といいます。「動因」とは英語で言うとドライブ（drive）になります。動物をある行動に駆り立てるものという意味です。生理的な欲求、不快な状況での逃避の欲求を指して「ドライブ」というわけです。その動因が生じて、活動の結果低減するとまた不活性な状態に戻ってしまう。この理論を「怠け者の心理学」という言い方をすることがあります。要するに動物や人間は元来怠け者の存在であると考える立場だからです。

ところが、それに対して、こんな実験が行われたことがあります。人間がそんなに本来、怠け者だというならば、いっそのこと、気持ちいいベッドの上にごろんと寝かせて、外からはできるだけ刺激を与えないようにする。目には覆いをして、手にはカバーをしますが、生理的な欲求はいつでも求めに応じて満たしてやる。おなかがすいたと言えば食べ物はあげる。喉が渇いたと言えば飲み物はあげる。睡眠や排泄も自由にできます。こういう状態にしたらどうなるだろうか、ということをやってみたのです。

この実験は、感覚を遮断するという意味で**感覚遮断の実験**といいます。被験者の大学生にはかなり高額のアルバイト料を払って、これに参加してもらったといいます。アメリカやカナダで一九五〇年頃に行われました。最初のうちは「ああ、これはいいアルバイトだ」ということで、喜んでごろごろとしている。ところが、二日くらい経つと、もう退屈で耐えられなくなってきます。それでも何とかがんばる被験者もいます。自分で自分に刺激を与えようとして歌を歌ってみたり、独り言を言ってみたりして耐えようとする。もう刺激がほしくてたまらなくなるわけです。まだがんばっていると、そのうち頭が正常に働かなくなってくる。たとえば簡単な計算ができなくなったり、幽霊の話などを全部鵜呑みにして信じたりとか、一種の洗脳されたような状態になってしまう。一週間くらいがんばる被験者もいたそうですが、後遺症も残るということが言われて、その後「こういう実験は危険なのでやってはいけない」と禁止になりました。

感覚遮断の実験から明らかになったことは、人間というのは適度な刺激を常に与えられていないと、むしろ正常な働きができないということです。動物にしても人間にしても新しい刺激を求める、つまり知的好奇心をもった存在なんだということが、各方面から言われるようになります。たとえば、図１-３は生後二、三カ月の赤ちゃんが、いったいどんな図形を好んで見るかということを調べたファンツという人の実験の結果です。横になった赤ちゃんにいろいろ

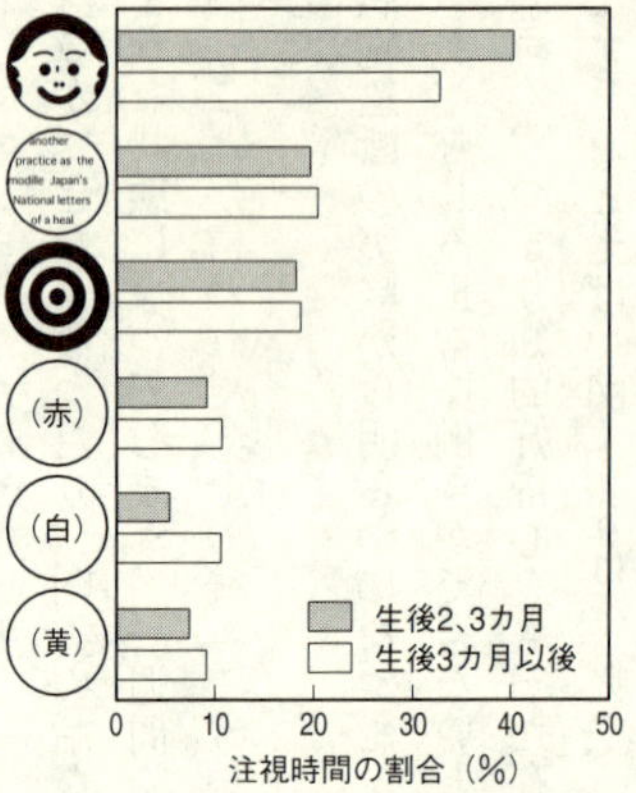

図１－３ 図形パターンへの注視時間（Fantz,1961）

な図形を見せます。その図形をじっと見ている時間がどれくらいかということを実験者が観察するのです。そうすると、やはり複雑な刺激ほど喜んでじっと見ている。単純なものほど見ている時間が少ない。同心円のパターンはやや複雑ですね。赤ちゃんは文字は読めませんけれども、文字パターンはけっこう複雑なので好まれています。人間の顔は、さらにいっそう好まれることがわかります。生まれて間もない赤ちゃんですので、複雑な刺激を見ると報酬がもらえるとかいうことを経験しているはずはないんです。報酬とか罰が伴っていたのでこういう好みが出てきたとは考えられない。つまり、人間は生まれながらにして、複雑な刺激を好むという特性をもっているらしいと考えられるようになったわけです。

報酬がなくても学習する

それから、賞罰がないと学習は起きないということについても、反論が出てきます。これは

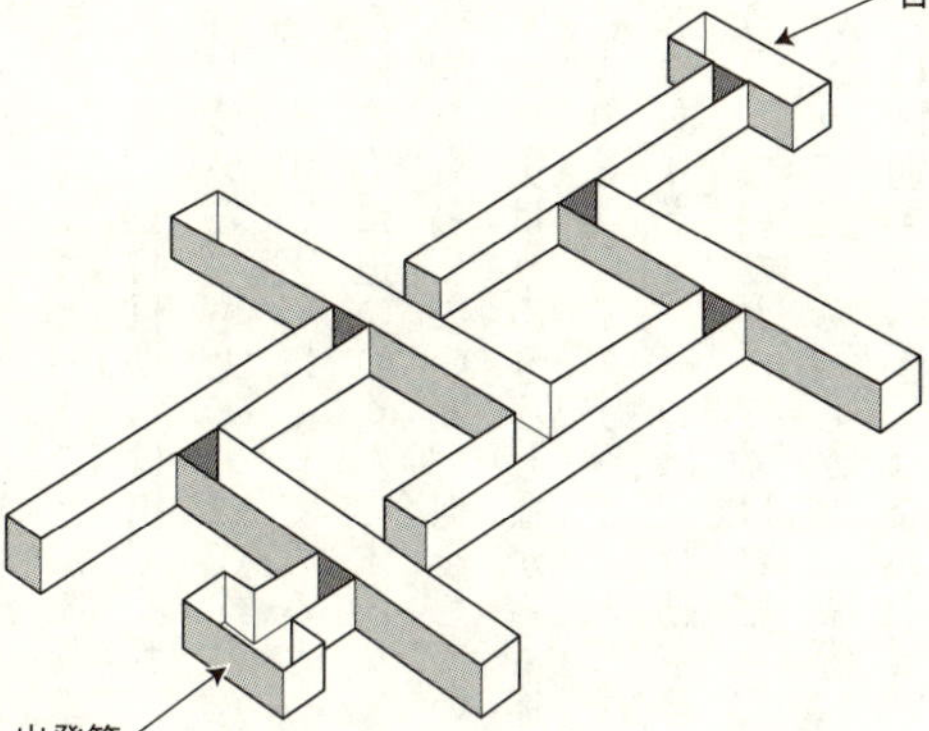

図1-4　潜在学習の実験で使用された迷路

時代としては少し前で一九二〇年代ですけれども、**潜在学習**という現象が動物実験でいわれるようになります。どういう状況かといいますと、図1-4のようなネズミ用の迷路を使います。この迷路の中にネズミを入れると、最初はいろいろ迷っていますが、出るとエサがもらえる。普通の学習ですと、だんだん繰り返しているうちに、ネズミはスムーズにこの中を通って出るようになっていきます。出るまでの時間を測ったり、あるいは、正しい方向と比較して、曲がり角で逆の方向に曲がってしまったら誤りとしてカウントする。毎日そういう実験をしていると、誤りの数がだんだん少なくなっていきます。

ところが、この実験の一群のネズミたちには、最初は出てきてもエサをあげないということで始めるのです。出てきてもエサがもらえない。すると、ネズミはいつまで経ってもうろうろしていて、学習しているように見えません。これは当然だと思うんですね。それまでの考え方によれば、「だから、やはり報酬を与えないと学習は起きないんだ」ということになります。しかし、一日目、二日目は出てきてもエサはあげないけれども、三日目からは出てくればエサをあげるというふうに、途中の日からエサを伴わせる条件に変える。もしそれまで全然学習が起きていないのであれば、ここから学習が始まると予測されます。実際にやってみると、これらのネズミは初日からエサをもらっていたネズミのレベルにすぐに追いつくんです。

報酬をもらえない間、何をしていたんだろうかというと、一見、学習していないように見えますが、実はうろうろしながらも迷路の構造についての知識を得ていたのではないかということになります。この実験がそれまでの行動主義の考え方に対してインパクトがあったという点は二つあります。一つは、行動主義というのは外に現れた行動の変化ということで学習を捉えようとしていたわけですけれども、出てくるまでの時間や誤り数だけ見ていると、学習していないように見える。しかし、実際にはネズミは何らかの学習をしている。学習と外に現れた行動とは区別するべきではないかということが一つです。もう一つは、報酬がもらえなくても何らかの学習が起こりうるということですね。報酬が必ずしも学習に不可欠の要素ではないということです。

動物は生理的な欲求が満たされている時に、何もしないでじっとしているかというと、けっしてそんなことはありません。むしろ、いろいろと探索行動をして、その時にしっかり学習している。それは、実に適応的な意味があるのです。私たちが、どこか旅行にでも行ってホテルに泊まったとします。することがないからといって、ごろんとしているでしょうか。まあ、そういう人もいるかもしれませんけど、たとえば「このホテル、どんなふうになっているのかな」と思って中をぐるぐると動き回ってみる。あるいは「この街はどんなふうになっているのかかな」と思って散歩したりする。新しい環境に入ると、そこでいろいろな情報を集めたがるということはごく自然にあると思うんです。そういうふうに動物というのは、一見ムダなこと、あるいは実際にほとんどの場合ムダになるかもしれないことでも学習します。

それは一見、何の役にも立っていないように見えます。ホテルの中をぐるぐる歩き回っても、別に何か食べ物がもらえるわけではないですね。ところが、いざ、火事になったという時に、ホテルに行くなりごろんと横になっていた人は、炎に巻き込まれて死んでしまうかもしれません。中をうろうろと動き回って、非常口の場所やホテルの構造を知っていた人は無事に脱出できるでしょう。高等な生物ほど、環境についての情報を収集したり、自分の能力を高めておいたりするのは、貯蓄とか保険のようなものではないかと私は思うことがあるんです。余裕がある時に、いろいろな学習をしておくということが、その時にはムダに見えても後から役に立つ可能性がある。それが知的好奇心や向上心のもとになっているのではないかという気がします。

内発的動機づけの減退効果

外から与えられる報酬のための手段としてではなく、ある活動をすること自体を自己目的的に求める欲求を「内発的動機づけ」と呼びます。知的好奇心はその代表的なものです。一九六〇年代から、内発的動機づけに関する研究が心理学の中で激増します。これまでお話ししてきたように、動物や人間がいかに内発的動機づけをもった存在であるかという研究ももちろんですが、さらに大事な知見があります。それは、せっかく内発的動機づけが十分ある時に、外から報酬を伴わせると、かえってその動機づけが下がってしまうという現象です。

そのことが最初に言われたのも、やはり動物実験だったんです。たとえば、サルに知恵の輪のようなパズルを与えておきます。サルはそれ自体をおもしろがって一生懸命内発的に解くわけです。その後、「解けたらエサを与える」というように条件を変えてみます。サルは、今度は解けたらエサがもらえるので、ますます一生懸命解く。ところが、その次にまた「エサを与えない」という条件に戻してみると、最初あれほど（エサなしでも）おもしろがっていたパズルに見向きもしなくなってしまうという現象があるんです。これはハーロー（H. F. Harlow）という人の有名な実験です。

おもしろがってやっていた活動が、何かの報酬をもらうための手段だとみなされてしまうと、もともともっていた内発的な興味が失われてしまう、ということです。これは、「基礎をほりくずしてしまう」という意味で「アンダーマイニング（undermining）効果」と言われていますが、本書では内発的動機づけの**減退効果**と呼んでおきます。「効果」といっても、この場合はあまり望ましくない「負の効果」です。人間の場合はどうかということですが、デシ（E. L. Deci）という人が大学生を被験者に実験しています。基本的なブロックを組み合わせて、何か目標となるような図形を作り上げる「ソマ」というパズルがあるそうです。これはものすごくおもしろいゲームらしくて、デシ自身もかなりはまってしまったと言います。普通の大学生ならばこれに没頭するそうです。

そこでデシは、ある群の大学生には報酬なしでこれを解かせました。別の群の被験者たちにはこれを一つ完成させるごとに一ドルという報酬を与えるということにしました。その後に、どちらの群にも休憩時間を与えます。休憩時間はこれを解き続けてもいいし、他に雑誌なども置いてある部屋なので、それを読んでいてもかまわない。何もせずに休んでいてもかまわない。さて、その休憩時間にいったいどれくらいソマを続けて解くだろうかという時間を測ってみたわけです。すると、報酬を与えられない群は、休憩時間になってもこれを解き続けたのです。ところが、報酬をもらった群では、休憩時間にこれをやる人がぐっと減ってしまった。やはり先ほどのハーローの実験のように、もともと内発的にやっていた活動に、外から報酬を伴わせると、かえってその活動自体の興味が損なわれてしまうのです。

こういう実験はその後、一九七〇年代にいくつか続きます。たとえば、幼児を対象にした実験では、マジックインクのようなものできれいな絵を描いてもらう。もともとは楽しんで描いているわけですけれども、一度、「それを描いたら、こういうごほうびをあげるよ」ということをやってしまいますと、ほうびがもらえない時にはさっぱりやろうとしない。教育心理学の中で、一九六〇年代、七〇年代に、内発的動機づけの大切さ、外発的報酬の危険が特に強調されたのは、そういう実験を通してなのです。

3　動機づけ研究の展開

動機づけの認知理論

ここまでは、心理学の中で古典的ともいえる研究を紹介してきました。ここからは、その後どのように動機づけの研究が展開していったかということで、少し新しい話をかいつまんで解説しておきます。

まず、賞罰それ自体というよりも、自分の行動と賞罰が随伴しているという**随伴性の認知**が学習意欲を規定しているという考え方が出てきます。つまり、「成功や失敗というのは、自分の努力なり行動なりによって引き起こされるものである」という認知が重要だということです。その一例として**学習性無力感**（learned helplessness）の実験というのが、動物でも人間でも行われました。どのような行動をとっても、電気ショックや騒音などの不快な刺激を回避できない状態にしばらくおいておくと、「何をしてもだめだ」ということを学習して、その後、せっかく回避できるような条件に変えてもはやすっかり無気力になってしまい、適切な行動がとれなくなるという現象です。ここでいう「学習性」とは、生まれもって無気力なのではなく、「後天的な経験の結果として」という意味です。この実験をイヌを被験体にして初めて行ったのは、セリグマン（M. Seligman）とマイヤー（S. Maier）いう心理学者です。セリグマンはその後、事態を楽観的に捉え、次には成功するという期待をもつことが、人間の意欲や幸福感のカギであると説くようになります。

動機づけの理論家の一人バンデューラ（A. Bandura）は、人間は自らの行動が結果に影響を及ぼしうるはずだという期待（結果期待）と、そのような行動が自分にとって実行可能であろうという期待（**効力期待**）によって意欲が生じると言います。たとえば、「一日二時間数学を勉強すれば、次のテストでは八〇点以上とれるはずだ」という結果期待があっても、「一日二時間も勉強する」ということが自分にとって負担が大きすぎておそらく実行できそうにないと思ってしまえば、効力期待がないことになり意欲的にはなれません。

一方、ワイナー（B. Weiner）という人は、社会心理学での帰属理論という考え方を動機づけの分野に持ち込み、成功・失敗の帰属のしかたによって意欲が決まると説きます。**帰属**（attribution）というのは、「いったい何でそうなったのか」という原因とか責任の所在を本人が解釈することです。学習の場面であれば、テストの成績が良かった時、あるいは悪かった時、私たちはそれを何かのせいにするでしょう。ここでワイナーは表1-1のように、「原因の所

表１－１　学習の成否の帰属の２次元的分類

安定性 ＼ 原因の所在	安　定	不安定
内　的	能　力	努　力
外　的	課題の困難度	運

在」と「安定性」という二つの要因を考えて分類をします。安定性とは、時期によって変わりやすい可変的なものか、そう簡単には変わらないものかということです。自分の中にあって変わりにくいのは「能力」で、そのときどきで変わりうるのは「努力」です。自分の外にある原因で変わらないのは課題の困難度であり、変わりやすいのは「運」になります。つまり、「テストがむずかしいので不合格になった」と思えば課題困難度に帰属したことになりますし、「たまたま、やっていなかった問題が出たから」と思えば運に帰属したことになります。ここでワイナーは、成功にしても失敗にしても、内的で可変的な原因である「努力」に帰属した場合には、次の成功に向けて自分なりに何とかしようという意欲が出てくることを理論的に説明しようとしたのです。

この考え方を取り入れて、ドウェック（C. S. Dweck）という心理学者は、無気力に陥ってしまった子どもたちに**再帰属訓練**という方法で、学習意欲をもたせることに成功しています。二十五日間の訓練期間に、算数の問題を与えて解かせるのですが、「成功経験群」ではやさしい問題をたくさん与え自信をつけさせようとします。しかし、「努力帰属群」では、やさしい問題とむずかしい問題の両方を与え、間違えてもそれは努力が足りなかったためであることを強調し、がんばってみようと励ますというわけです。そして、訓練期間が終わった後、失敗に対してどのような態度をとるかを比較しようというわけです。成功経験群の子どもたちは、むずかしい問題にあたって失敗するとそれを能力に帰属し、すぐにやる気を失ってしまう。要するにやさしい問題を解いて一時的に自信をつけても、すぐにくじけてしまうのです。それに対して、努力帰属群の子どもたちは、失敗しても根気強く学習を続けるようになり、結果的にはより高い成績をおさめるようになったというのです。

以上は、「成功や失敗というのは、自分の努力なり行動なりによって引き起こされるものである」という認知が、意欲をもつのに必要だという話です。しかし、いくら自分しだいで何とかいい結果を得ることができると思っていても、それが自らの意志でなく、だれか他の人によって動かされてやっていると思うと、意欲が減退してしまうことがあります。「お年寄りに席を譲る」とか「宿題をする」とか「家事の手伝いをする」とか、自発的にやろうと思っていた時に「やりなさい」と言われたとたん、やる気がなくなってしまうという経験はしたことがありますよね。

私たちは、良いことは自分の意志でやっていると思いたいわけです。そこで「行動と結果の随伴性」と同時に、一方で強調されるようになったのは、「行動の始発性」とか「自律性」ということです。ド・シャーム（H. deCharms）という心理学者は、自分の意志で動いている状態を

オリジン（origin）、状況や他者によって動かされている状態を**ポーン**（pawn）と呼んでいます。チェスのゲームにたとえれば、それぞれ指し手とコマにあたります。最近の教育界で自己選択の場面を推奨するというのも、こうした考え方から来ています。同じことをするにしても、自分で選んで行っている時のほうが、意欲的になり、やり遂げることが誇りや自尊心にもつながっていくのではないかということです。

外発から内発への移行

一方、外発的な動機づけと内発的動機づけをまったく対立的に捉えるのではなく、連続的に移行することがあるのではないか、という考え方が出てきます。これは八〇年代半ば頃からなんですけれども、はじめは外発であったものがだんだん内発に変わっていくということです。これは日常生活の中ではたくさんあるのではないかと思うんですね。最初は何かいやだと思ってやっているけれども、やっているうちにだんだんとそれ自体に意義を感じたり、それ自体がおもしろくなってくるということです。

先ほど紹介した内発的動機づけの理論家のデシたちもそのような考えを出しています。大きく分けると四つの段階があると言います。まず外的に制御された状態です。その時の学習者の気持ちとしては「本当はこんなことをやりたくないんだけど」という感じで、だれかにやらされているわけですね。「やりたくはないんだけれども、先生がやれと言ったから宿題をする」、あるいは「家の手伝いはしたくないけど、親がうるさく言うからやる」。あるいは「お小遣いがもらえるから、しかたなしにするか」ということですね。要するに、外の何らかの圧力で動かされている、これが最も外発的な状態です。

ところが、その次に**注入**（introjection）の段階というのがあります。まだ本当に大切だとは思っていないけれども、たとえば「勉強ができないと、何かカッコ悪いのでやっておく」、あるいは、先生や親にやりなさいと言われる前に、「やらないとまずい、と察知してやっておく」。完全に外からコントロールされているというのではなく、いちおうは自分の意志でやっている状態です。デシの言い方を借りれば、消化をしていないけれども、鵜呑みにして、表面的には自らやっているように見える状態ということになります。

その次の段階として、「これをやっておくことが自分にとって大切だと思う」という必要感を感じてやっている場合というのがあります。たとえば「外国を旅行するので、英会話を習っておいたほうがいい。だからここの英会話学校に通っている」ということで、その学習をすることの利点を認識して自ら進んでやろうとする。これは、自らの行動規範と一致している状態なので、**同一化**（identification）の段階と呼ばれます。あるいは、**統合化**（integration）されているという言い方もします。ただし、それはあくまでも目的遂行の手段としてですから、それ自体を楽しむという意味では内発ではないのです。「私は英語の勉強それ自体が非常におもしろいと思う」ということで英語を勉強しているということでしたら、完全に内発的に動機づけられているということになりますね。それなら、手段としてではなく、自己目的的に活動をしている状態と言えます。これが最終の内発的に動機づけられた段階です。

こういうふうに、いくつかの段階を経て動機づけが内面化されていくプロセスを考慮した理論は、現実的にも重要です。そういう考え方に立つと、たとえ内発的動機づけを重視するという立場であっても、外発から入ることが必ずしも悪いことではないということになります。先ほどのソマ・パズルの実験は、最初から内発的に動機づけられている場合に、変に外から報酬を与えると良くないという話です。せっかく内発的な時に、外的な報酬によって外発に転化してしまう危険があるというのが「減退効果」でした。一方、最初から内発的に動機づけられていない場合はどうするかというと、いつまで経っても興味をもってくれないなら、外発から入るのでもいいではないか。しかし、それがだんだん内面化されて、注入の段階、同一化の段階、内発の段階へと進むかもしれない。どこかの段階で止まってしまうかもしれないけれども、それはそれでしかたないわけですね。

ですから、むしろ入口として外発から入っていくということも考えられていい。では、どうやったらその内面化が促進されるのだろうかというと、デシはそこに教育者と学習者の**関係性**

というものが重要な役割を果たすというのです。これは、次の話とも関連します。価値観というものは、密接な人間関係を通じて取り入れられていくのです。

集団内での暗黙の方向づけ

たとえば子どもの養育場面を考えますと、すごく意図的に外発的な報酬を与えたり、あるいは内発的な動機づけという考えに立った育て方を家庭で意図的にしていなくても、子どもが何に対して意欲的になるかが形成されてくることは多いと思います。つまり社会的に埋め込まれた暗黙の方向づけがあるということです。子どもたちはある集団に入りますと、そこでの文化的な価値観をしだいに身につけていきます。たとえば家庭の中であれば、どういうことをするとそこでは良いとされるのかというのを、大人の行動を見ながら自然に学んでいくということがたくさんあります。これが実はその後の学習意欲にも非常に関係するわけです。

「うちの子どもはどうも勉強に対して意欲がなくて困る」という時に、たとえば、親が知的な本をほとんど読まない、あるいはテレビでも見るのはスポーツとバラエティー番組だけというのであれば、子どもも進んで読書をしようと思ったり、テレビでニュースや教養番組を見たりはしないのが普通です。子どもが中学生や高校生になった時に、まわりから「勉強しろ、勉強しろ」と言っても、子どものほうはかえって違和感を感じてしまうでしょう。自分の身近な大人に学習を楽しむ雰囲気がないのですから。家でどんなことを話題にするかというのもそうですね。たとえばお父さんやお母さんが、何かニュースを見て社会的な問題について話し合ったりしていれば、子どもというのは、「そういうことが大切なことなんだ」とうすうす感じ、社会的な関心も広がっていくかもしれません。

子どもが大人の行動を見てそこから影響を受けるというだけでなく、子どものどういう行動に対してまわりの大人たちが肯定的な態度をするかという方向づけもあります。これも、大人、子ども双方にとって無意識的に伝えられることが多いのです。心理学や社会学で使われる**ヒドゥン・カリキュラム**（hidden curriculum、隠されたカリキュラム）という言葉があります。学校でも正式のカリキュラムのほかに、どういうことが奨励されるかという、インフォーマルで無意図的なヒドゥン・カリキュラムがあるわけです。たとえば、「自分の意見を堂々と述べる」というのは建前としてはいいことのはずですが、先生に対して反対意見を堂々と述べるというのは暗黙にまずいこととされるわけですね。「わからないことは何でも質問しなさい」と先生が言っても、「授業中に粘って質問をするのは進行を妨げるのでよくない」という了解が暗黙裡にできていたりします。こうしたものが影響力をもっているとなると、むしろそれを教師が自覚的に捉えて望ましいものに変えていかないといけないのではないか、という議論も出てきます。こういう話はまた後で取り上げましょう。

4 学習動機の二要因モデル

学習動機の分類と構造化

理論先行の心理学というのは、ある意味では非常に極端なところがあります。要するに一つの原理とか人間観に立ってできるだけ多くのことを説明しようとするのが、研究者自身のモチベーションなんですね。ですから、極論だったり、片寄っていたりすることはあると思います。内発・外発という枠組みも、わかりやすいようでありながら、それだけですべてを説明しようとすると無理があります。これまでの基礎心理学は、内発・外発という枠組みにちょっととらわれすぎていたのではないか。私たちが勉強をするという動機に、きれいに内発・外発とは分けられないようなものもいっぱいあるのではないか。それをひとまずいろいろ出してもらおう。それらを分類してみようということから始めた私自身の研究をここでは紹介します。

まず、大学に入ったばかりの大学生に書いてもらいました。「あなたは高校まで、なぜ勉強してきたのでしょう」、あるいは「人は一般になぜ勉強しているんだと思いますか」。どちらの聞き方でも、出てくる答えの種類はだいたい同じようなものでした。表1-2は代表的な回答を示したものです。私のほうでは、これをどうやって分類したらうまく整理ができるだろうかと考えてみました。はじめ、私の中にあった知識というのは、内発・外発という伝統的な分類、それから経営心理学のほうで言われていた経済的動機、親和動機、達成動機などというものでした。そういうものにうまく収まらないかと最初は思っていたわけです。ところが、二つや三つにはとても収まりそうにない。少なくとも六つくらいにはなりそうだ。ただ、それらの間に、階層性理論のように何か一次元的な順序関係でも出てくるといいと思っていたわけです。どうもそれがうまくいかない。でも、構造化できないとただ並べただけになってしまう。

そういう時に、これまでの科学理論などをいろいろ見ていると、よく使われる分類の基本的なテクニックのようなものがあるんですね。一つのやり方は複数の次元を立ててそれを組み合わせると

表1-2　自由記述によって得られた学習動機の例

- ○ 受験や資格のため、しかたなく
- ○ 学歴や地位を得ようとして
- ○ 親や先生にやらされている
- ○ 勉強ができると優越感があるから
- ○ 他人に負けたくないから
- ○ みんながやっているので、なんとなく
- ○ 先生が好きだったから
- ○ やらないと後で困ることになるから
- ○ 将来の職業に必要な知識が得られる
- ○ 頭の訓練として
- ○ 学習のしかたを身につけるため
- ○ 好きな勉強はそれ自体おもしろいから
- ○ わかる楽しみがあるから
- ○ 充実感が得られる

………

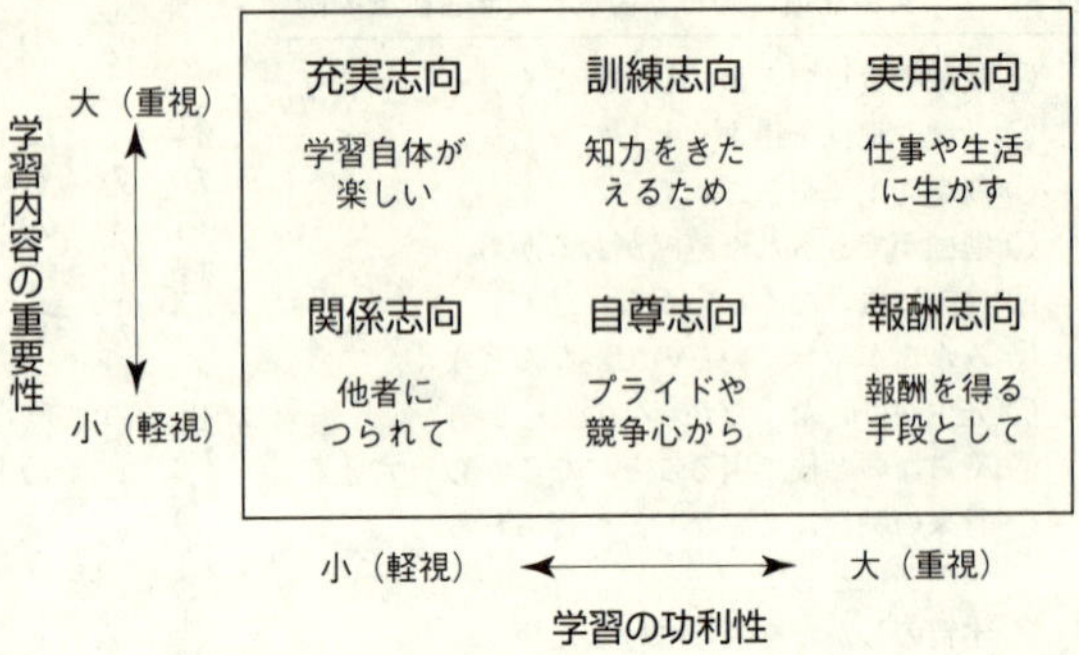

図1－5　学習動機の二要因モデル
6つの種類に分類した学習動機を構造化した一つの例。横の次元は、学習による直接的な報酬をどの程度期待しているかを表す。縦の次元は、学習の内容そのものを重視しているかどうかを表す。

いうものです。この整理のしかたを「次元化」と名づけておきます。次元というのは、「要因」とか「軸」と言うこともありますね。要するに、複数の観点を立てて、それを組み合わせた空間の中に、対象を位置づけていくやり方です。ちなみに分類のもう一つの代表的な方法は、大きく分けるとこうなる、その一つ一つをさらに分けるとこうなる、というふうに「階層化」するやり方です。

そこで、先ほどの学習動機を「次元化」という方法で整理してみたのが図1-5の**二要因モデル**というものです。次元として、まず学習というのをどれくらい功利的なものと捉えているかどうかということを一つ立てられるのではないか。つまり、学習は「やれば得をするし、やらないと損をする」というふうに捉えている動機がある一方、あまり学習に伴う賞や罰は意識していないものがあります。これが、横軸の**学習の功利性**という次元です。それに対して、縦軸には**学習内容の重要性**という次元を考えました。学習している内容について、「この内容だからこそやりたいんだ」という内容重視の考え方と、「別にこの内容でなくてもいい」という考え方があるのではないか。この二つの次元を組み合わせると、六つの学習動機がうまく収まると思ったのです。

まず、上の段を見てみましょう。**充実志向**というのは学習すること自体が楽しいし、やっていると充実感があるということです。楽しい内容でないといけないわけですから「内容重視」です。一方、やると得をするかどうかなんていうことは考えていません。**訓練志向**は知力を鍛えるためですから、やると頭が良くなるような課題でないとやり甲斐がないわけですね。**実用志向**というのは、勉強というのは自分の将来の仕事や生活に生かせるからやるという考え方です。これは役に立つ内容でないと困るわけですね。やれば仕事や生活が豊かになる、しかし勉強しないと自分が困るということですから、「功利性」は強いことになります。

下の段に行きます。**関係志向**ですが、これは「みんながやっているから」とか、「先生が好きだから」というふうに他者につられて勉強しているものです。内容についてはあまり気にかけていません。「何を学ぶか」よりも、「だれと学ぶか」が関心事なのです。次に**自尊志向**ですけれど、プライドや競争心から、「人に負けるものか」と思ってやったり、「テストでいい点を取ったりすると、何か優越感がわくので」という動機です。自尊志向は、そういうプライドを味わえるという意味では少し功利的ですけれども、気分的なものです。**報酬志向**というのはもっと明らかに外からの物質的な報酬を意識しています。たとえば、「成績がいいとお小遣いを増やしてもらえることになっているから」とか、「大学に受かるとバイクを買ってもらえるから」という理由で勉強する。その時、関心はお小遣いなりバイクなりにあるのであって、学習している内容自体にたいした興味があるわけではない。

実用志向と報酬志向は学習を功利的に捉えている点で似ているようですけれども、大いに違いがあります。つまり、報酬志向の場合は、学習内容とその効用の間に必然的な結びつきはないのです。実用志向の場合は、たとえば「将来、英語圏の特派員になりたい」と思ったら、学ぶのは英語でなくてはいけない。報酬志向の場合は、別に今勉強している英語と、買ってもらえるバイクとの間には必然的な関係がないわけですね。それは恣意的な結びつきで、たまたま親が英語の成績なり数学の成績なりにお小遣いなりバイクなりを伴わせたり、受験する大学がその科目を指定したからそうなっているにすぎない。報酬志向は、学習内容に意義を感じずに外から与えられる報酬があての動機ですが、実用志向は学習者に「統合化」されていて、必要感や目的感を伴う動機ですから、この差はけっこう大きいのです。

二要因モデルから見た外発と内発

では、従来の内発的動機づけと外発的動機づけというのはこのモデルからどう捉えられるのでしょうか。まず典型的な内発というのは充実志向です。典型的な外発というのは報酬志向になります。この対角線の軸、つまり充実志向から報酬志向に至る対角線の軸、これが従来言われていた内発と外発というものではないかと考えられます。他の動機もその対角線軸に投影してみれば、どれくらい内発的であるか、どれくらい外発的であるかがみてとれます。実用志向というのは、学習というのはやりたいことをやるための手段であると考えている点では、かなり外発的と言っていいかと思います。それから関係志向ですが、少なくとも「みんなにつられてなんとなく」とか、「あの先生が好きなのでやっている」という時に、必ずしもやる・やらないということが直接的に報酬や罰を伴うと思われているわけではないので、比較的内発寄りとしてもよいと思います。

ところで、「親や先生にほめられるから」、あるいは逆に「勉強しないと叱られるから」というのは、現在の分類では「報酬志向」に入れています。このモデルも何回かバージョンアップがあって、最初のうちは、下の段の真ん中、つまり、自尊志向の場所を「賞賛志向」と名づけていました。ところが、実際に後で紹介するような調査を行ってみて、どういう項目と相関が高いかを見てみると、報酬志向の項目と相関が高いことがわかったので、「人にほめられるから」というのは報酬志向に移しました。「相関」ということは、本章で後から説明しましょう。

賞賛志向から「ほめられる」という内容を取ってしまった時に何が残るかというと、「他者からほめられる」というよりは、自己満足的なプライドとか、競争心とか、優越感なんですね。別に人がほめてくれるということではなくても、「ふっふ、勝ったぜ」という感じになってうれしくなることがあります。人から怒られるわけではないけど、テストの成績が悪いと「くそー、あいつに負けたか」と思ったりしますよね。叱られたわけではないのに劣等感をもってしまうこともあります。そういうものがむしろこの自尊志向のところに残ったということです。

関係志向の場合、たとえばテレビに出ている先生が好きになって、その勉強をするなどという「一方的な関係」もあります。「よくやったね」と、そのテレビの先生がほめてくれるわけではないですよね。直接会うことはないのですから。友人の人柄にひかれたり、タレントが好きになったりした時に、その人と同じ趣味をもちたがるなどというのもこれに近い。つまり、直接ほめられるとか、その人が何か言葉をかけてくれることを期待するわけでなくても、好きなのでそれに引き込まれてやっているというなら関係志向に含まれます。

二要因モデルの一番大きなポイントは、これまでですと内発・外発という二分法で捉えていた。それを、連続した「程度問題」として捉えます。ただし、それだけならば、前に述べた「内発から外発への移行モデル」もそうです。そこでさらに、「内発的動機づけ」に含まれていた「その活動内容を楽しみ、自己目的的に学んでいる」という意味を二つに分けて、別次元にした点です。要するに、内容自体に意義を感じているということと、自己目的性（裏をかえせば功利性）ということを二つの要因として取り出して、それぞれ別の次元を立てたということになります。

学習動機の個人差と相関

私たち心理学者は、何らかの心理特性を考えると、それを測定するアンケート、つまり「心理テスト」をよくつくります。その得点は、ある心理的な傾向がどれくらい強いかを測るモノサシのようなものなので、**心理尺度**と言います。これも、項目をつくっては分析してつくり直し、何回かバージョンアップを繰り返すんですが、一九九五年に比較的安定した結果になったものを出しましたので、表1‐3にそれを載せておきます。それぞれの志向の強さを見るための項目が六つずつあります。ですから六×六＝三六で全体としては三六項目。それぞれの項目が、自分によくあてはまれば五点、まったくあてはまらなければ一点とし、一点きざみで自己評定します。六項目ずつの平均点を出して、その志向の強さを見るわけです。中学生・高校生の一般学習用ということになっていますが、読者の皆さんもやってみてください。また、実際に行う時には、項目をランダムな順序にして印刷しますが、ここでは見やすさと計算しやすさを考えて志向ごとにまとめてしまっています。「どの志向が高いことがいい」などということは

関係志向

○ みんながやるから、なんとなくあたりまえと思って
○ 友達といっしょに何かしていたいから
○ 親や好きな先生に認めてもらいたいから
○ 回りの人たちがよく勉強するので、それにつられて
○ みんながすることをやらないと、おかしいような気がして
○ 勉強しないと、親や先生にわるいような気がして

自尊志向

○ 成績がいいと、他の人よりすぐれているような気もちになれるから
○ 成績が良ければ、仲間から尊敬されると思うから
○ ライバルに負けたくないから
○ 勉強して良い学校を出たほうが、りっぱな人だと思われるから
○ 勉強が人なみにできないのはくやしいから
○ 勉強が人なみにできないと、自信がなくなってしまいそうで

報酬志向

○ 成績が良ければ、こづかいやほうびがもらえるから
○ テストで成績がいいと、親や先生にほめてもらえるから
○ 学歴があれば、おとなになって経済的に良い生活ができるから
○ 学歴がいいほうが、社会に出てからもとくなことが多いと思うから
○ 勉強しないと親や先生にしかられるから
○ 学歴がよくないと、おとなになっていい仕事先がないから

考えずに、思ったままを答えて自分で集計してみてください。

勉強についてどういう動機をもつかはもちろん本人の自由ですが、私たちが大学生や生徒にやってもらう時には、まず自分はどんな傾向があるのかを知ることを目的の一つとしてやっています。あまり回答者のほうに、「こういう動機はいい動機だ」などとほのめかしてしまいますと、むしろ正直に書かずに、いかにも優等生的に「僕は勉強すること自体が楽しい」というようなことにつけてしまったりします。何も人に見せるとか、先生が評価するというもの

表１－３　学習動機を測定する質問項目

充実志向
- ○ 新しいことを知りたいという気もちから
- ○ いろいろな知識を身につけた人になりたいから
- ○ すぐに役に立たないにしても、勉強がわかること自体おもしろいから
- ○ 何かができるようになっていくことは楽しいから
- ○ 勉強しないと充実感がないから
- ○ わからないことは、そのままにしておきたくないから

訓練志向
- ○ 勉強することは、頭の訓練になると思うから
- ○ 学習のしかたを身につけるため
- ○ 合理的な考え方ができるようになるため
- ○ いろいろな面からものごとが考えられるようになるため
- ○ 勉強しないと、筋道だった考え方ができなくなるから
- ○ 勉強しないと、頭のはたらきがおとろえてしまうから

実用志向
- ○ 学んだことを、将来の仕事にいかしたいから
- ○ 勉強したことは、生活の場面で役に立つから
- ○ 勉強で得た知識は、いずれ仕事や生活の役に立つと思うから
- ○ 知識や技能を使う喜びを味わいたいから
- ○ 勉強しないと、将来仕事の上で困るから
- ○ 仕事で必要になってからあわてて勉強したのでは間に合わないから

ではないわけですね。ですから、調査の時は匿名でもかまわないのですが、本人が全体の集計結果や自分の結果を知りたいという時には後から教えると言って記名式で行います。志向ごとの得点分布を示すヒストグラムを配って、「自分がいったいどこらへんの位置にあるのかを知りたい人は、それぞれ志向の強さを得点にしたものがあるので渡します」と言うと、九割くらいの学生は知りたがります。「ああ、自分の考え方というのはこんな特徴があるんだな」ということを知る、自己理解のためと思ってもらえればいいわけで

す。

一方、研究上の立場からは、これらの志向の個人差がどう相関しているかということに興味があるのです。ここで、統計学になじみのない読者のために、**相関**(correlation)ということをちょっとだけ説明しておきます。要するに、「ある量 x が大きい時にはもう一つの量 y も大きくなる」、全体としてそういう傾向がある時には「**正の相関**がある」と言います。また、正の相関があるといっても、図1-6(A)のようにデータが右上がりの直線状に近く集まっている場合と、(B)のようにゆるく集まっている場合があります。(C)のように関連が見られなくなってしまうと「無相関」になります。このような相関の強さを表す指標が**相関係数**で、直線上に完全にのっている場合は1、無相関だと0、相関の程度に応じてその間の値をとるように定義されています。右下がりの関係になると**負の相関**と呼ばれ、相関係数は(D)のようにマイナスの値をとります。どのような計算方法で求めるのかということは、統計学の入門書に必ず出ているので、参照してください。

この学習動機の質問項目を使った調査は高校生にもやりましたし、大学生にも授業の中でやってもらったことがたくさんあります。すると、いつも安定して出てくる相関関係のパターンというのがあるんです。読者の皆さんも、どれとどれの相関が高くなりそうかということをちょっと予測していただけるとおもしろいのではないかと思います。結果を言いますと、まず、

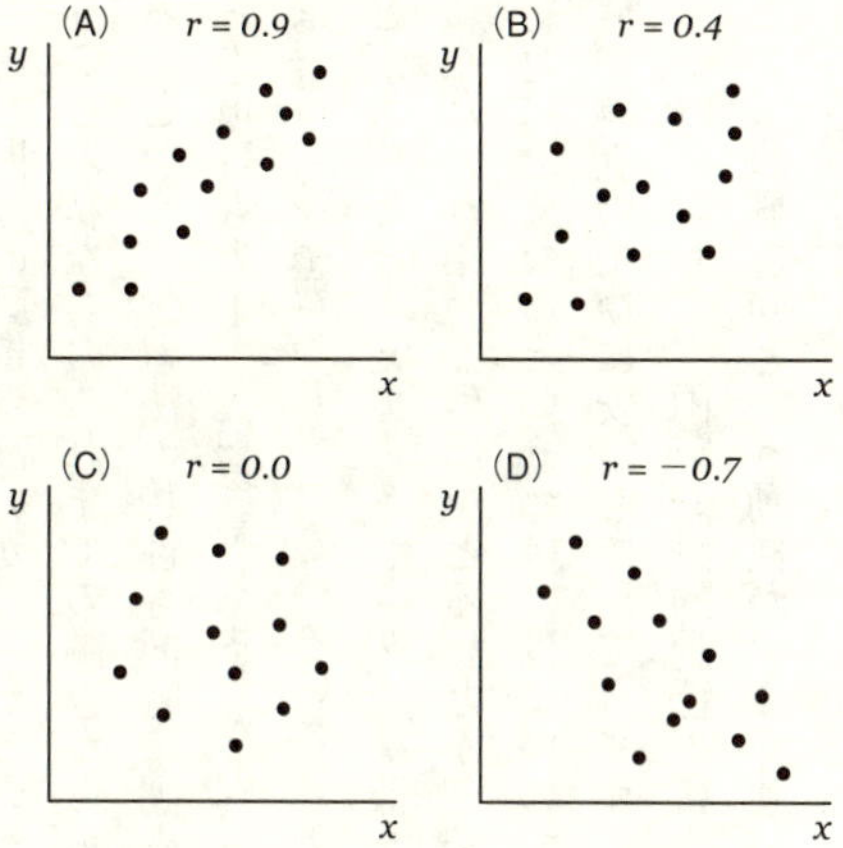

図１－６　いろいろな相関関係

上の段の三つ、充実、訓練、実用という志向はわりと相関が高くなります。ものすごく強いというわけではありませんけれども、相関係数で言うと、だいたい〇・五から〇・六くらいはありま す。それから下の段の三つ、関係志向、自尊志向、報酬志向もお互いに〇・五から〇・六くらいの相関があります。上段の志向と下段の志向は相互にほとんど無相関です。そこで、充実、訓練、実用の三志向をまとめて、学習内容に関与している動機なので、**内容関与的動機**と呼ぶことにしました。関係、自尊、報酬の三つは、学習内容から離れた動機なので、**内容分離的動機**と呼んでいます。この言葉も、後から出てくるのでいちおう知っておいてください。

学習動機と学習方法

内容関与的動機が高いか低いかということは、その人の学習方法とも関係がありそうだということが私たちのこれまでの調査から示唆されています。自分はどのような学習のしかたをするかという、学習法の特性も同時に調査して、学習動機との相関を調べてきたからです。これらの項目も表1-4に掲載しましたので、見てください。内容関与的動機が高い人は、たとえば「自分の学習のしかたをいろいろ工夫してみる」とか、「丸暗記するのではなくて理解することが大切だと考えている」とか、「失敗を悪いことだと思わずに、学習にとってむしろ大切な情報だという柔軟な態度をとる」とか、そういう傾向がある。これはあくまでも相関ですから、絶対にそうなるというわけではないのですが、相関係数でいうと、〇・四とか〇・五くらいの値が調査のたびに安定して出てきます。

それに対して、内容分離的動機のほうは、学習法の特性とほとんど相関がないんですね。たとえば報酬志向という動機がすごく強いからといって、丸暗記ではなくてしっかり理解するように心がけようとか、学習のしかたをいろいろ工夫しようとかいうことに必ずしも結びつかない。調査してみると、これは無相関の場合が多いんですね。無相関の場合が多いということは、はっきりと逆効果だと言っているわけではないことに注意してください。これは誤解され

表１－４　学習方法についての自己評定項目

失敗に対する柔軟性
○思ったようにいかないとき、がんばってなんとかしようとするほうだ
○失敗をくりかえしながら、だんだん完全なものにしていけばいいと思う
○思ったようにいかないときは、その原因をつきとめようとする
＊間違いをすると、はずかしいような気になる
＊うまくいきそうもないと感じると、すぐやる気がなくなってしまう
＊失敗すると、すぐにがっかりしてしまうほうだ
思考過程の重視
○答えるだけでなく、考え方が合っていたかが大切だと思う
○ある問題が解けたあとでも、別の解き方をさがしてみることがある
○テストでできなかった問題は、あとからでも解き方を知りたい
＊なぜそうなるのかわからなくても、答えが合っていればいいと思う
＊テストでは、とちゅうの考え方より、答えが合っていたかが気になる
＊自分で解き方をいろいろ考えるのは、めんどうくさいと思う
方略志向
○勉強のしかたをいろいろ工夫してみるのが好きだ
○成功した人の勉強のしかたに興味がある
○テストの成績が悪かった時、勉強の量よりも方法を見直してみる
＊勉強の方法を変えても、効果はたいして変わらないと思う
＊学習方法を変えるのはめんどうだ
＊成績を上げるには、とにかく努力してたくさん勉強するしかない
意味理解志向
○ただ暗記するのではなく、理解しておぼえるように心がけている
○習ったことどうしの関連をつかむようにしている
○図や表で整理しながら勉強する
＊数学の勉強では、公式をおぼえることが大切だと思う
＊同じパターンの問題を何回もやって慣れるようにする
＊なぜそうなるかはあまり考えず、暗記してしまうことが多い

以上にあげる学習のしかたや考え方について、自分によくあてはまるものには５点、まったくあてはまらないものには１点で、１点きざみの点数をつける。集計のとき、＊のついた項目は１～５点を５～１点に反転してから足し合わせ、６で割って尺度ごとに平均を出す。

ると困るところです。非常に弱い負の相関になることもときどきデータとしてはありますけれども、多くの場合、無相関なので、「ほぼ無相関」だと思っていただいていいと思います。

ですからけっして関係志向とか自尊志向とか報酬志向のようなものはもつべからざる、好ましくない動機だと言っているわけではないんです。こういう志向というのは、むしろ学習に不適応に陥ってしまった時とか、子どもが幼少の時とかには、それなりに大事な動機だと思います。たとえば小学校の低学年の先生が、クラスの生徒間の関係、あるいは先生との関係を注意して楽しい雰囲気をつくって、その中に引き込まれて学習するようにということを考えるのは自然だと思います。読書をするとシールを貼ったりするのも低学年ではよくあることですね。それは必ずしも悪いことではないのです。ただし、そういうことで動機をどんどん高めていけば、学習のしかたの質も上がってくるかというと、必ずしもそうはならないのではないかということにも注意してほしいということです。

内容関与的な動機の場合は、学習の内容自体を重要視して、それを身につけたいと思っているわけですから、当然、学習のしかたも深まってきます。よりよく理解したいとか、もっと向上するためにはどうすればいいかということを考える。これはスポーツとか楽器の演奏などでも同じでしょう。やっていること自体に楽しさや意義を感じて、それを最大限に進歩させようとするので、学習の質が高まってくる。そういう気持ちがだんだん出てくるように教師や親も考えたほうがいいと思いますし、本人自身も、思春期以降であればそういう意味での意欲にもっていくということを意識したほうがいいのではないでしょうか。少なくとも、学習ということに価値をおいているのであれば、です。最終的に、関係、自尊、報酬という志向をまったく消してしまえということでなくてもいいのです。できれば、充実、訓練、実用のような内容関与的動機も出てきてほしい。そしていろいろな動機に支えられている学習者というのは、なかなかくじけない学習者だと思うんです。これは、第４章で具体的に考えていきます。

Q&A

動機づけ研究を振り返る

――動機づけが研究されてきたのは、やはり経営心理学での労働意欲の問題からと考えていいのですか。教育の問題というよりは、そっちがスタートなのでしょうか。

市川　基礎心理学と経営心理学の話、これはだいたい並行していたと思います。あと、性格心理学とか、社会心理学の中でも動機づけというテーマは昔から扱われていて、お互いに影響を及ぼし合っています。心理学というのは、現実場面を扱うものから実験室的なものまでありますけれども、「教育」というのはその間に位置する一つの大きな領域としてあるんですね。ただどちらかというと、教育には基礎心理学の影響が強かったです。基礎心理学をやっている人たちがそれを教育場面に応用したらどうなるだろうかということで教育を考えていたんです。ソーンダイクという人も、ネコの問題箱のような動物実験をやると同時に、教育心理学者でもありました。スキナーの場合も教育への応用を考えています。ああいう実験心理学をやりながら、そこで得られた原理を教育に応用したらどうなるかというスタンスでしたね。経営心理学のほうは実際のフィールドから問題が提起されてきますから。

——経営心理学のほうで出てきた経済的動機、親和動機、達成動機という三つの動機づけは、内発・外発ということに対応させるとどういうことになるのでしょうか。

市川　生理的な欲求や経済的報酬のために働くということは外発的な動機づけと対応していると言っていいですよね。それから、何か自分のやりたいことを職場で実現したいという達成動機は、新しいことを知って知識を豊かにしたいとか、技能を磨きたいという向上心ですから、内発的な動機づけと対応していると言えると思います。親和動機というのが内発なのか外発なのかということになりますと、少なくとも純粋な内発ではない。つまり、仕事や学習の内容自体に関心や目的意識があるわけではないので、内発とは言いにくい。しかし、何か報酬めあてというほど外発でもないんですね。ある意味では、活動それ自体を楽しんでいるわけです。本によっては、親和動機を内発的動機づけに分類していたり、外発的動機づけに分類していたりして、完全にはどちらとも言いにくいんです。ちなみに、二要因モデルでは、親和動機は関係志向にあたります。モデルの対角線軸に投射することで、内発・外発の中間的なものとして位置づけられるわけです。

——あと、用語の区別でわからないことがあります。**インセンティブ**（incentive）という言葉が最近よく使われますよね。これはどういう意味なんでしょうか。

市川　「インセンティブ」は、心理学では「誘因」って訳すんですよね。さっきの動因低減説のところで「動因」という言葉がありました。おなかがすいたとか喉が渇いたとかいう生理的な欲求、あるいは、痛みとか不快な感情状態に置かれた時にそこから逃げ出したいという欲求です。動物の中にあって、その動物がある行動をするように動かしているもの、これが動因です。その動因を喚起するために外から与えられる何らかの刺激を「誘因」というんですね。たとえばお金、これは経済的な意味でのインセンティブということになりますね。あるいは何か賞がもらえるとか、会社の中で昇進するとか、そういう外側にあるものが誘因で、それによって引き起こされる生体内の欲求が動因ということになります。

――細かい話になってしまうかもしれないんですが、先ほど「人間は一見ムダなことでも学ぶ」とおっしゃいましたよね。報酬がいつ与えられるのかを考えた時、内発・外発ってすごく微妙だと思うんです。一見外発には見えなくても、最終的には、それが自分の役に立つかもしれないと思っていることは、ある意味では報酬につながっていると言えないんでしょうか。

市川　確かにそうですね。ところが、実際にはほとんど本人は意識していないと思うんですよ。おっしゃる通り、いずれは役に立つ学習もたくさんあるんですが、たとえばそれを意識してやる気に結びつけている子どもというのは、実際には少ないでしょう。私はむしろそれを意識するといいと思っています。今自分がこうやっている勉強というのは、すぐに役立つというわけではないけれども、自分を広げることになって、どこかで役立つのかもしれないと。それは私が第４章で言いたいことに関連してきます。

――はい、わかりました。その時あらためてうかがいます。

市川　私がさっき言いたかったのは、意識しなくても、新しいことを学ぼうとするメカニズムが生得的に備わっているということです。たとえばネズミは、先ほどの潜在学習の時に、「いずれ役に立つ」などということは意識していない。「うろうろと探索しておくことが、いずれ何かの時に役に立つかもしれない」なんて、ネズミはまず考えていませんよね。赤ちゃんが複雑な刺激を好んで見るというのも、別に意図的ではないでしょう。意識していないけれども、そういうメカニズムが備わっているのはなぜかということの解釈を述べたわけです。つまり、そのような生物のほうが生存に有利であると。せっかくの情報処理能力と記憶容量をもっているのだったら、その時には一見、役に立たないかもしれないことまでも学んでしまう、というシステムのほうが生存に有利ですよね。

――なるほど、そうですね。

市川　本人が意識してそうやっているかどうかは別問題として、そういうことがむしろ知的好奇心とか向上心とか理解欲求ということの無意識的なメカニズムとして備わっているのが高等生物ではないかと思うわけです。

——それにしても、昔は感覚遮断の実験とか、本当に人間に対してもめちゃくちゃな実験をしたんですね。

市川　そうですね、心理学者というのはいけませんね（笑）。動物だってかわいそうですね。この頃は動物愛護団体からも、動物を使って実験する時にいろいろ批判があるそうです。それから、社会心理学の実験でも、よく被験者をだましたりするんです。後から「実はこういう実験だったんです、すみません」という説明はちゃんとしますけど、倫理的に問われるようなこともあります。心理学実験における倫理ということは、この十年、二十年非常に大きな問題になって、慎重に行われるようになってきました。

基礎心理学と教育の関わり

——先ほど、基礎心理学の考え方が教育に影響を与えたとおっしゃっていましたが、具体的にはどのようなことなのでしょうか。

市川　たとえば外発的な動機づけというのは、人間の素朴な感覚にもわりと合っているわけです。要するに何か良いことをすればほめる、あるいは何らかのほうびとかお小遣いとかを与える。学校だとよくシールを貼ることもありますね。望ましい行動には何か賞を与える、悪いことをすれば罰するということをやっていけばスムーズに学習が起こるというのは、私たちの日常的な考え方にも合っています。それは学校教育にもさまざまなやり方で応用されています。

先ほどの「スキナー箱」をつくったスキナーは、のちに**プログラム学習**とか、それを機械にした**ティーチングマシン**というものを開発するんです。スキナーは自分の子どもが学校で勉強しているのを参観して、「なんで学校というのはいきなりむずかしいことを子どもたちにやらせるんだろう」と思ったそうです。彼は動物の実験をたくさんやっていますし、動物に芸を仕込む時にも通じる重要な原理を理論化しています。それは**スモールステップ**、つまり学習の目標に向かって課題を小さなステップに分けて、それが達成できるごとに正しいか間違っているかのフィードバックを与えるということです。動物の場合だったらエサになりますし、人間ならほめ言葉やサインでもいいのです。

実際、それによって動物はものすごく高度な芸をすることができる。たとえばアシカのショーであれば、右を向いた時にエサの魚をやる。その次に前足をあげた時にちょっと魚をやる、ということを繰り返して一連の行動ができるようになるわけです。学校の教科の学習も、一回、一回はまず間違えないくらいの細かなステップに分けて、それぞれの子どもに合ったペースで、それぞれが合っているか間違っているかということを知らせるという一連のプログラムを教材としてつくったわけです。ティーチングマシンという機械ですと、問題が自動的に与えられるので、それを自分のペースで解いていく。コンピュータが発達してくると、ティーチングマシンをコンピュータソフトで実現したようなものも現れました。

――我が国の「公文式」というのもそういう原理ですか。

市川 公文式は、意識しているかどうかわかりませんけれども、そういうテクニックを使っていますね。できるだけ失敗しないくらいやさしいところから始めて、少しずつプリントを重ねていく。

――ものすごく細かいですよね。

市川 はい。それはやる気を出すための重要なテクニックだと、行動主義では考えているし、公文式では創始者の公文公さんが自分の経験から見い出したということでしょうね。行動主義では失敗ということをわりとネガティブに見るんです。失敗はさせないほうがいい。間違えようもないくらいやさしいことをスモールステップでやっていくほうが、学習はスムーズに進むし、それはやる気につながる。いきなりむずかしいことをやらせて間違えてしまうと自信がなくなってしまうので、順を追っていねいに、できるだけ挫折させずに、というのが大きな原理になっているわけです。しかし、いつもそれでいいのか。私は、間違いや失敗をいかに情報として生かすかという視点で捉えて、やる気に結びつけるということが大事だと思っているんです。これも、第4章で取り上げます。

——わかりました。内発的動機づけという考えも教育に影響を与えているんでしょうか。

市川　はい。内発的動機づけを重視する考えですと、要するに人間はもともと知的好奇心とか向上心とか理解欲求というものをもっている。外的な報酬を与えると、かえって内発的な動機づけが低下してしまうことがあるというわけです。こういう考え方に立つと、学校の授業は、子どもたちが興味をもつようにできるだけおもしろくすることが強調されます。「あれっ、どうなっているんだろう」とか、「あれ、おかしいなあ」とかいう知的な葛藤を起こさせて、それを追究させるという方針の授業になってきます。もちろん、そういう授業を工夫してきた先生はもともといらっしゃるわけですけど、心理学の理論というのは、しばしばその裏づけとか、「お墨つき」のような役割を果たすことがあるんです。

内発的動機づけを重視する考え方は、一九六〇年頃から盛んになった**認知心理学**の考え方とも相性のよいものでした。認知心理学では、人間は受身的に情報を蓄積するのではなく、すでにもっている知識を使いながら情報を取り込んで、知識体系を絶えず作り直していく能動的な存在であるとみなします。正しい知識を正しく教えればうまく学習が起こるとは考えません。外から報酬を与えたり、正誤のフィードバックをむやみに与えて学習させるのではなく、学習者が知識を主体的に構成していくことこそが学習のおもしろさ、楽しさなのだということになります。ある意味では、学習者の意思や能力に高い信頼を寄せた考え方といえます。もっとも、本書の第3章では、苅谷剛彦さんとの討論の中で、そうした考え方の問題点についても議論していきたいと思います。

報酬が学習に与える影響

――ところで、先ほど「二要因モデル」の説明の時に、報酬志向とか、内容分離的な動機の高さは、学習のしかたとほぼ無相関だとおっしゃっていました。ただ、一般論としてちょっと考えると、報酬を得る手段として捉える人であれば、いい学習方法をとったほうがより高い報酬が得られるので、そういうことを工夫しようという気になりそうなものですが。

市川　不思議かもしれませんが、必ずしもそういう工夫に結びつかないんですね。絶対ならないとか、いつも逆効果になるというわけではないですよ。中には、冷静に考えてそういう工夫をする人もいるでしょう。成果をあげれば報酬もたくさんもらえるんですから、いいやり方を工夫しようと思うかもしれません。ところが、逆に報酬にばかり注意が向かってしまって、学習自体の質を高めようというふうにならないこともしばしばある。そこがむしろ落とし穴だと思うんですよ。

報酬志向というのは、結果が良ければ報酬、悪ければ罰が与えられるので、報酬を求め、罰を避けるために勉強するわけです。たとえば、叱られるといやだから勉強する。これだってしっかりいいやり方で勉強すれば、叱られずにすむわけですから、叱られないようにと思っていいやり方を工夫してがんばるかというと、実はそうはならないことがよくある。つまり、「叱られないようにやっときゃいいや」という感じになってしまうことが多い。たとえば極端な話、人の宿題を写してしまったりとか、テストでカンニングしてしまったりとか、要するに形だけ取りつくろって、その場をやり過ごそうとするというふうになりかねない。

本人の気持ちは、もっぱら報酬や罰のほうに向かっているわけです。「ああ、バイクほしいな」「お小遣い増やしてほしいな、どうやって使おうかな」とか。そういうことばっかりに気が回ってしまうと、じっくり学習内容を理解しようという気持ちにならずに、形だけの勉強になってしまう。あるいはせいぜい単純な反復や丸暗記です。報酬を求める気持ちが強い場合はそれなりに勉強時間をかけるかもしれないですけれども、たとえば英単語を覚えるにしたがって、ひたすらスペルを書くだけになる。意味理解とか学習方法の工夫に結びつかずに、いちおう量をこなしておくというふうになってしまいかねない。工夫している学習者は、単語を覚える時にただ何回も書くだけではなく、やはりいろいろな工夫をしますよね。

——今のお話を聞いて思い出したのが、成果主義を導入した企業で、失敗をしないようにとか、お給料が下がらないようにと、仕事のやり方が自己中心的になってしまって、思ったような成果があがらないので、そのシステムを見直そうという動きが出てきているという最近のニュースです。それはそこに関係する話と考えていいですか。

市川　関係しますね。報酬というのは、うまくはたらく場合もあるけれども、非常にまずい効果をもたらす場合もあるわけですよね。企業の場合であれば、今おっしゃったように、たとえばセールスマンの給料が売り上げに応じて決まるということになった場合、確かにそれでがんばる人もいます。まあ売り上げの場合はがんばれば成果に結びつくのかもしれないけれども、もっと仕事の質を問うようなことになってきた場合、たとえば論文や著書をたくさん書いた人がいい研究者だとかとなりますと、質は問わずにとにかく量をこなすとかいうような弊害が出てきます。

研究者の世界に妙に業績主義を入れることの危険というのも、そこが言われているわけです。論文の数だとか総ページ数だということになってしまうと、質が軽視されてしまう。だから一般的には、じっくりといいものを作ってほしいという時には、妙に報酬を伴わせないほうがいい場合ってありますよね。研究や芸術はその例です。名誉のために賞をもらうというのなら、まだいいですけれども、あまりそれに賞金をたくさん伴わせたりすると、かえってそちらに目がくらんでしまったり、売れっ子の作家になると、質が落ちてしまったりとか。

しかし、かといって、まったく評価しないのがいいかといったら、確かにそれも問題です。そこが、報酬というもののむずかしさだと思うんです。会社などでもそういうことがあるでしょうね。結局のところ、本人が報酬それ自体を目的にするか、報酬は自分の仕事の質の高さを認めるものとして捉えるかが重要になってきます。報酬それ自体が多すぎると、「自分は報酬がたくさんもらえるからこれをやっている」というふうになりかねない。先ほどのハーロー実験のサルとか、デシ実験の大学生のように、活動それ自体のおもしろさがだんだん薄れてしまう。しかし、自分の仕事の質の高さの証明として高い報酬が得られたのだと考えれば、むしろいい仕事をする方向に意欲が向かうわけです。この話も、第2章であらためて取り上げましょう。

第2章 和田秀樹氏との討論

それでは第2章ですけれども、最近、PHP新書で『大人のための勉強法』と、さらにその続編『大人のための勉強法――パワーアップ編』（以下『パワーアップ編』と略）というベストセラーを出していらっしゃる、精神科医の和田秀樹さんが、後者の中で心理学の動機づけ理論のことにかなりページを割いて触れています。そこで、読者の方により理解を深めていただけるように、その説明と関連づけながら話をさせていただきたいと思います。

私と和田さんは、電子メールでの討論を『学力危機――受験と教育をめぐる徹底対論』（河出書房新社）という本にして出したこともありますし、最近も私たちの研究会に和田さんがときどき出てきてくださって、お付き合いをさせていただいているということもあります。ただ、私は和田さんとは、少なくとも表に出る時には論敵といいますか、要するに対論をする相手として出ていきたいと思っています。本当は共通点も多くあって、それは本書の中でも触れたいとは思いますが、どこが違うかということを浮き彫りにすることで、読者の方に学習や動機づけの問題についてより理解を深めてもらえるのではないかと思っているからです。

和田さんは『パワーアップ編』の中で、せっかく二要因モデルを紹介してくださっているわけですが、どうもその紹介には、提唱者の私から見ると、誤解されていると思われるところがありますので、それはこういうふうに理解していただきたいのだということを言いたいということがまず一つあります。

それから次に、和田さんは教育心理学の考え方とは違って、「あえて外発的な動機づけを重視した考え方を提唱したい」とおっしゃっていますが、それは教育心理学のほうでもそういう柔軟な考え方をむしろとっている、それは和田さんとそんなに大きな違いがあるわけではないということを言いたいと思います。

さらに、同じところがあることも認めた上で、それでも違うのはどういうところなのか。学習意欲を出すために具体的にどういう方法をとるかということになった時に、やはり和田さんとは違うと思えることもいくつかありますので、そこはいちおう確認しておきたいと思います。

1 内発と外発をめぐって

二要因モデルについて

まず二要因モデルについてです。和田さんは、二要因モデルを紹介した後、「大人が勉強する場合は、人から言われて、あるいは強制されてというより、勉強を楽しみ自らを充実させたいとか、勉強を生活や仕事に生かしたいという、内発的な動機からの人がむしろ主流だろう」（p.九四）と『パワーアップ編』の中で書いています（以下の和田さんからの引用は、すべて同書からのものです）。ここでの誤解は、二要因モデルの上段にある充実志向、訓練志向、実用志向、この三つが内発的動機づけだと思っていらっしゃることです。二要因モデルでは内発・外発というのは対角線軸だと考えています。これは、和田さんとの共著『学力危機』の中でも、私は、

従来の理論では、最も典型的な内発的動機づけである「充実志向」と、典型的な外発的動

機づけである「報酬志向」とで捉え、その他の動機はあまり取りあげられないか、せいぜいこの二つを通る対角線軸で一次元的に捉えてきたのである（p.八一）。

と書いています。ですから、ここは誤解のないようにしていただきたいです。

本書の第1章でも述べましたが、実用志向というのは、これは内発というよりはかなり外発的な面があるのです。つまりある学習を、何か他のことをやるための手段だと考えているわけですから。たとえば、私たちが心理学で、英語の論文を読まなくてはいけないので、英語は大切だと思って学ぶ。物理学者が、物理学をやるためには数学が必要なので学ぶというふうに、手段として学んでいる。英語それ自体が楽しいとか、数学それ自体が楽しいといって学んでいるのとはちょっと違って、手段として考えているので、かなり外発性が強いものです。横軸の「学習の功利性」という軸は内発・外発の意味づけ上すごく大事なので、それも考慮に入れなくてはならない。対角線軸が内発・外発にあたるのだということは、あらためて強調したいと思います。

精神分析における動機づけ

それから、精神分析のフロイト(S. Freud)が「内発論者」だという位置づけ方を見ると、和田さんは内発・外発という言葉をちょっと誤解しているのではないかと思えてきます。フロイトのことを「人間はその内なるエネルギーに動かされているのだという典型的な内発論者」（p.九六）と言っていますよね。それに対してそうではない考え方、つまり「関係志向や自尊志向を重視した考え方が精神分析の中でもある」ということを出してきます。特に現代の精神分析では「自己愛」というのがすごく重視されている。和田さんのよく出されるのはコフート（H. Kohut）です。それで、「親にほめられたいから、親に愛されたいから勉強するというのはきわめて自然なのだ」と言います。フロイトの本能的な欲動理論はむしろ否定されており、逆に関係志向、自尊志向、報酬志向を重視した考え方が今の精神分析理論では一般的だ。教育心理学の理論とは逆である、というのが和田さんの位置づけです。

学習という文脈で内発と言う時には、学習それ自体をおもしろいと思って、何かの手段としてではなくそれを自己目的にやっている、これが内発ということになります。しかし、フロイトの場合ですけれども、彼が「内なるエネルギー」と言っているのは学習に対するエネルギーではないわけです。それは、「性のエネルギー」ということになります。性のエネルギーという内なるエネルギーがあるからといって、学習の文脈で「フロイトは内発論者だ」と言うと、これはおかしなことになります。どのような理論であろうが、何らかの内なるエネルギーがあることは、認めているのです。たとえば行動主義であっても、生理的欲求というのは内なるエネルギーで、内なるエネルギーが何もないと言っている心理学理論は私の知るところありません。

では、フロイト派の場合には、学習というのはどういうものとして捉えられるかというと、これはフロイトの娘のアンナ・フロイトがその後、**防衛機制**という考え方を発展させましたけれども、この性のエネルギーが十分満たされない場合に、他のものに転化するということがある。その中の一つとして**昇華**というのがあります。文化的に価値の高いもの、たとえばスポーツとか芸術とか勉強とかそういうものにエネルギーを向ける。これは要するに、性のエネルギーの一種の代償として、社会的にも認められた価値の高いものにエネルギーを注いでいるということになります。するとそれは、学習の文脈で「内発」というのとはちょっと違うのではないでしょうか。少なくとも、学習それ自体を自己目的的なものとしてフロイト派が捉えているわけではないはずです。

それからついでに、少し新しいところで、精神分析の系統のボウルビー（J. Bowlby）という発達心理学者を「外発論者」として、和田さんは紹介しています。「市川氏のいうところの関係志向や愛されるという報酬を得る報酬志向が勉強の動機であるという点で外発的動機論といえる」（p. 九七）として、最近の精神分析理論は外発的動機づけを支持する方向になっているというわけです。ボウルビーはもともと乳幼児の研究者ですから、ここでテーマにしているような、小・中・高校生や成人の勉強についてこういうことが言われているのかどうかというのは、私はちょっと疑問です。要するに学童期以降の勉強というのが、愛されるという報酬を求めてやっているのだというようなことを、ボウルビーが言っているのかどうかはぜひ確認したいところです。

ただ、ここで和田さんがおっしゃっているように、養育者との関係性ということが大切だというのは、実は教育心理学でも非常に強調されていることなんです。第1章で、デシの理論を紹介しました。デシは内発論者の典型的な人ですけれども、彼のキーワードがやはり**関係性**(relatedness)なのです。彼の理論の中で、「外的に統制されている状態から内発の状態に移行していくことがある」というモデルがありましたけれども、では、その移行して内面化される時の条件は何かといった時に、それは関係性なんですね。関係が密であることによって内面化が促進されるということを、デシ自身が非常に強調していますので、その点では、教育心理学の内発的動機づけ論者とそんなに対立するわけではありません。むしろ教育心理学でも他者との関係は強調されているんだということです。

内発の一本槍ではない

『パワーアップ編』の中で、和田さんの言いたいことは、次のように集約されています。まず、内発的な動機（私の言葉で正確に言えば、充実志向、訓練志向、実用志向という「内容関与的動機」ですが）が望ましいものであることは認めるものの、「しかしながら、私は市川氏の考えをそのまますべて受け入れることには抵抗がある」（p.九五）。ここで「市川氏の考え」と和田さんが指しているのは、私（市川）が内容関与的動機だけが望ましいと言っているという解釈です。そして、その理由として、「一つには、原点に立ち戻ると、勉強の動機づけというのが本当に必要なのは、必要に迫られて、あまり楽しいと思えない勉強をしなければならない場合だからである」ということをあげています。

確かに、やる気が出ない時にどうするかということが問題になるんだというのはもっともです。その時に「プライドや競争心で勉強しているようではだめだとか、勉強によって（資格を得るという）メリットを求めるようでは伸びないということを調査結果だからといってつきつけられたのでは立つ瀬がない」（p.九五）。これが非常に言いたいところなのでしょう。けれども、私がけっしてそんなことは言っていないのは、本書の第1章でもおわかりだと思います。『学力危機』にも、こういうふうに書いてあります。ここはずばりと引用したほうがいいでしょう。

和田さんも指摘するように、すべての活動に純粋な内発的動機を持つのはもともと無理である。それから、はじめ外発的であったものが、しだいに内面化されていって内発的なものに変わるという考え方もある。私も、学習内容をあまり重視しない関係志向、自尊志向、報酬志向という動機に対して、持つべからざる動機として切り捨てるのではなく、学習の導入時には重要な役割を果たすことがあると考えている（p.八二）。

また、二つ目の理由として、和田さんは次のように言います。「二つには、教育心理学者の理論（もちろん調査もしているようだが）の上では、内発的動機のほうが好ましいのかもしれないが、精神分析や精神医学の治療理論の流れや、あるいは国際的な教育政策を見る限り、少なくとも現在のところは、内発的動機より、外発的な動機のほうを重視する方向性に傾いているからだ」（p.九五）。

まず、教育心理学がけっして外発的な動機づけはもつべきではないといって切り捨てているわけではない、ということはすでにおわかりいただけたと思います。私も「学習の導入時、まだ充実志向的なおもしろさがわいてこない時」に重要な役割を果たすことがあるということを言っています。それから、かなり不適応状態に陥っている時、つまり、「完全に自信をなくしている」「興味をなくしている」「勉強なんてやりたくないと思っている」という時には、これもやはり関係志向、自尊志向、報酬志向が意味をもってくるわけです。

私たちが実際に子どもに学習相談をする時も、自信をまったくなくしている子に対して、はじめから「学習ってそれ自体おもしろいよ」とか「学習を通じて自己実現をはかろう」とか言っても、あまりピンときませんから、むしろ教える側との関係、カウンセリングでいうと**ラポール**をつけることになります。「この人とだったら一緒に勉強をしてもいいかな」と思ってくれるような関係づくりということから始めますし、問題が解けた時にほめて自信をもってもらうということももちろんあります。

なぜ重点の置き方が違うのか

教育心理学者が、関係志向、自尊志向、報酬志向という内容分離的な動機を切り捨てているわけではないんですけれども、「重点の置き方がどうも違うように見える」という和田さんの感覚は、確かにその通りだと思います。では、なぜそんな違いが生まれてくるのかということは、もっと和田さんにも考えてほしかったところです。というのは、やはり相手にしている対象者が違えば、何に重点を置くかも当然違ってくるからです。

和田さんのほうがひきあいに出す精神分析は精神医学の一派です。要するに、かなり不適応に陥ってしまった人が相手です。不適応に陥ってしまった人に人間関係とか賞賛とか報酬とか、そういうものを導入するというのは、まさに私が言っていることと同じなんです。ところが、逆に私から和田さんに聞きたいのは、そういう不適応に陥ってしまった人に対する対応というのが、すべての人に対して当てはまるように考えてはまずいんではないですかということです。さらに、ボウルビーとなると、対象は乳幼児期ですよね。たとえば青年期とか大人の学習意欲にも、乳幼児期の子どもに対して出てきた理論と同じ考え方、つまりいつまでも関係や賞賛だけでいいのかということになります。

さらに**行動主義**についてですが、第1章でもお話ししたように、行動主義は動物実験を非常に重視していました。ここでの対象は動物一般です。ネズミやハトに充実志向とか訓練志向とかいってもわかってくれません。動物にしても人間にしてもその基本にある共通するメカニズムというのは、確かに外的報酬による学習なのです。これは、かなり普遍的で、強力な動機づけとして、ある行動にし向けるのに使えるわけです。ですから行動主義でそういうことが強調されるのも当然だろうと思います。

結局のところ、動物、乳幼児、不適応に陥った人、こういう対象に対してあまねく共通する強力なメカニズムである外的報酬を重視する理論が出てくるのは、非常にもっともだと思うんです。教育心理学の理論と精神分析で言われていることが対立しているというわけではなくて、教育心理学がむしろ柔軟に考えているのではないか。つまり、対象に応じてどのような動機づけが適切かということを、臨機応変に考えているのではないかという気がします。和田さんはここであえて対立的に考えている。それだけ読むと、「最近の精神分析から見れば、教育心理学でやっていることは的外れである」と思ってしまうかもしれませんが、これは読者の方に慎重に読みとっていただきたいと思います。

2 勉強法と動機づけを考える

学習相談に見る子どもたち

私たちは認知心理学に基づいた学習研究をしていて、その実践活動の一つとして子ども向けの「学習相談室」というのを開いてきました。地域の小・中・高校生に大学に来てもらって、私や学生たちが子どもたちの個別相談や学習指導をします。基本的には家庭教師のようなことをするわけです。マン・ツー・マンで、いったいどういうところがわからなくて困っているのか、どんな勉強のしかたをしているのかということを聞きながら教えていきます。数学で困っている子には数学をやりますし、英語で困っている子には英語をやります。そういう活動を私たちは十年以上続けてきました。はじめは東京工業大学にいる時です。一九八九年からです。だいたい子どもたちが来るのは夏休みが中心になります。一九九四年からは東大で行ってきましたけれども、昨年（二〇〇〇年）からは、中学校で学習相談室を開いてそこの生徒に来てもらうということを試みています。

これは認知心理学や教育心理学の研究者や学生の実践として行おうとしたことで、「教育心理学や認知心理学のどんな考え方が指導に生かせそうか」とか、あるいは「生かそうとしてやったけれども、どうもうまくいかなかった。これはもう一回認知心理学の理論を考え直す必要があるのではないか」とか、「もっとこんな研究をするべきではないか」ということを考えるきっかけにもなる。そういう検討会をしながら認知心理学をもっと実践的なものにしたいという気持ちが私たちの中にあったわけです。ただのアルバイトの家庭教師とは、そういう研究会活動として行っているという活動面の違いもありますけれども、教え方としても認知心理学の考え方がかなり現れているという点で違っていると思います。

たとえば私たちは、子どものとっている勉強法について気をつかいます。認知心理学の言葉では**学習方略**と言うんですね。要するに自分の学習をよりスムーズに行おうとして、いろいろなやり方を考えていこうとする存在だと学習者を捉えます。その時に、第１章でも述べたように、何がいいやり方かという、その子どもなりの考え方というのがあります。これは**学習観**と呼ばれます。子どもが行動主義のように反復と報酬が大事だという考え方をもっていると、物量主義的な学習観になりがちです。要するに、量をこなす。何時間勉強したか、あるいはきょうは問題を何問解いたというように、量だけを気にかけてしまうことになります。一方、認知心理学的な考え方ですと、学習というのは整合的な知識体系をつくっていくことです。それは、単に量をこなせばいいというものではなくて、意味を理解するとか、知識を関連づけるとか、そういう質的なことに注意を向けようという考え方にもなります。

これは課題にもよるので、一概にどちらが正しいということは言えないと思うんですね。何回も反復してだんだんにできるようになっていくというタイプの学習もあれば、意味を理解するということが大切な学習もあるでしょう。だから、最終的には学習者が自分自身の考え方というのをもっと自分で納得いくように洗練されたものにして、自分の学習全体を自分でコントロールできるようになってほしいという思いがあるわけです。ただそのためには、これまでの自分のやってきた勉強法だけがいいのではなくて、いろいろな学習のしかたがある。そういうものを経験してみた上で、自分でもいいと思うものは取り入れていって、自分なりの学習スタイルをつくってほしいというのが、私たち研究会のメンバーの共通した考え方です。

ここで注意しなくてはいけないのは、学習者は、素朴な状態ではわりと行動主義的な考え方をとりやすいということです。反復と賞罰が大事だという行動主義的な考え方は、歴史としても最初に出てきたものでもありますし、考え方としてはわかりやすいんですね。「よく覚えるためにはどうすればいいと思う?」と子どもに聞いたら、「何回も繰り返せばいい」とごく自然に出てきます。「やる気のない子はどうすればいい?」「叱ればいい」とか、「どうすればやる気が出ると思う?」「ほめればいい」とか、ほとんどの子どもはそのような反応をするでしょう。

これだけにはまってほしくないというのは、第1章でも述べた通りです。

勉強法についての議論

実は、私たちの研究会で和田さんの本がよく話題になりました。昔の『数学は暗記だ！』とか『受験は要領』などの本（いずれも、ごま書房）を取り上げて議論しています。和田さんの推奨する勉強法というのは、初期の本の「数学は解法を暗記してしまえばよい」というように、認知心理学的な考え方からした時に、すごく引っかかるところがあったわけです。「暗記」というと、普通、意味もわからず丸暗記ということを想定してしまうことが多いので、これは和田さんの意図とは実は違っていたのかもしれませんけれども、とにかくわからなくても覚え込んでしまえばいいというふうに取れるところがある。それから、あまりじっくり考えずに、わからなかったらすぐに答えを見て覚えてしまえばいいという主張もありました。和田さんの本に出ている勉強法は、全体としては、七割くらいは私も受験生の頃やっていたような方法で、「ああ、確かにこういう方法ってよかった。私もやったな」と思われるところもあるのですが、根本的なところですごく引っかかるところがありました。ですから私はいつか一度、激論をしたいと思っていたのです。

その機会をいつかと思っていた時に、『受験勉強は子供を救う』（河出書房新社）という非常に刺激的な本を和田さんが出版しました。受験勉強というのがいかに子どもにとっていいものかという話で、実に挑発的なタイトルですよね。本の「あとがき」には、「自分は黙殺されるのがいやなので、何か言いたいことのある人はどうぞ反論してきたまえ」という感じのことが書いてあり、私はそういう挑発に乗るのが非常に好きですので、和田さんに手紙を書いたわけです。和田さんの受験勉強法のことも含めて、さらに受験勉強というものの功罪についても話をしたいと。

誤解されないように先に言っておきますと、私は、受験勉強というのはけっして全面的に悪いものとは思っていません。むしろ受験勉強ということを通じて自分の学習方法を見直すことができるし、学習内容自体も間違ったことを学んでいるわけではないのですから、生かそうと思えば大学でも社会に出てからも生かすことができるものです。受験勉強が問題だとすれば、むしろそこで非常にひずんだ学習観が固着してしまったり、せっかくやったことを後で全然使おうともせずに、遊んでしまうだけの大学生活を送ったり、教養的なものから離れてしまうような社会生活を送ってしまうこと。それは非常にもったいないことですね。ですから受験勉強というのは、プラスに生かそうと思えば生かせるけれど、全体としてはむしろ受験勉強の中で非常に物量主義的な学習観と学習方略を身につけてしまったりするので、そういう勉強方法とか学習観の問題について、和田さんとの討論を通じて接点を見つけられればいいと思っていたのです。

そこで和田さんと対論をして、さらに電子メールで討論を四カ月続けて、『学力危機――受験と教育をめぐる徹底討論』（河出書房新社）という本にしたわけです。その過程で、実際に話をしてみますと、勉強のしかたについての議論というのはけっこう折り合ってしまったというか、お互いに納得できるところが多く出てきました。はじめお互いに著書を贈り合ったんですが、和田さんはその時から認知心理学を非常に気に入ってくれたようで、特に私の『認知心理学を知る』（ブレーン出版）という本と、『考えることの科学――推論の認知心理学への招待』（中公新書）ですね。そこらへんから、学習における**メタ認知**（自分の理解状態や学習方法を自覚的に捉えること）や**既有知識**のはたらき、それから**人間の推論のバイアス**とかいう話をおもしろいと思ってくださったようです。和田さんの最近の著書の中でも広く紹介してくださっているので、これは認知心理学にとってもありがたいことだと思っているんです。

学習動機論の違い

しかし、どうも話が合わないなという感じになってきたのは、『学力危機』の第二章にもある学習動機の話です。つまり、どうやったらやる気が出るかという話になった時なんですね。私のほうは本書の第１章で述べたような説明をし、二要因モデルの話もしました。全体としては、私のほうがやはり内発的な動機づけというのが好ましいというトーンになりました。和田さんのほうは「あまり内発、内発と言われるのに抵抗がある。むしろ精神分析の理論の中では外発的なものが重視されている」ということでした。

これは、すでに述べたように、対象が違う理論をよりどころにしているからということが大きいのでしょう。しかし、同時に、お互いの個人的な経験、自分がそれまでに引きずってきた人生観とか学習観みたいなものの影響もあるようです。それが、どういう理論を好きになるかとか、もっとよく研究しようと思うかということの背後にあって方向づけをしますから、ますます強固になっていきます。そう簡単に説得されたり、変わったりするものではないのです。

基本的には、和田さんはやはり行動主義的な外的報酬が個人的にも好きなのだと思います。和田さんはたとえば昔の受験本の中でも、「受験はなぜ大切か」と、読者に説得するつもりで書いているところがたくさんあります。和田さんが出す例には、いい大学に行くと、「一生涯の賃金がいかに違うか」とか、「女の子にもてるんだ」という話とか、外的な報酬がしきりに出てきます。そういう例を出すというのは、本人も納得できるし、一般の人がそういう例で説得されるだろうと思って出していらっしゃるんだと思います。また、著書を書くにあたって、理論的な裏づけとしてどういうものがあるかを拾ってくる時にも、自分の好みが現れているのでしょう。これは、もちろん私にもあてはまることです。

世界の教育の潮流は外発重視か

学校教育での動機づけの話について見てみましょう。和田さんは、『パワーアップ編』の中で、世界の教育の流れもむしろ行動主義的になっていると言います。世界のいろいろな国で、特に学力低下がかつて言われたアメリカやイギリスなどでは、最近はテスト重視、宿題重視ということで、「アメとムチを強化する外発的な動機を刺激する教育政策に戻したほうが、はるかに子どもたちの学力は回復している」（p.一〇八）。日本の教育はむしろ逆ではないか。ここらへんが和田さんの**ゆとり教育**批判にもつながるんだと思うんですけれども、要するに子どもはもっと外的な報酬を伴わせて、「勉強すれば得である、勉強しないと損をする」ということを学んだほうがよいということだと思います。「ゆとり」とか「子ども中心」とか言っていると、かえって弊害が出てくるというわけです。

これは和田さんの持論だと思うんですけれど、「子どもの頃はきちんとした課題を与えたほうがよい」（p.一〇八）とされます。「きちんとした」ということは、何をやるべきかがはっきりしていて、正解、不正解も明確な課題のようです。今学校に導入されようとしている**総合的な学習**のようなものは、和田さんに言わせると非常にあいまいな課題なのでしょう。興味をもったテーマについて追究して発表するなんていうのは、何が正しいか、間違っているか、はっきりしない。そういうような課題はあまり子どもの時には与えないほうがよい。きちんとした課題で、努力すればそれなりにできるという課題を与えるほうが教育的である、アメリカがそういう方法をとってから少年犯罪は減っている、自殺率も減っているではないかというわけです。さらに、子どもの場合に限らず、大人も内発的な動機づけばかり強調するのはよくない。少なくとも「内発的な動機づけをもてないのならば、外発的な動機を用意するのが賢明だ」(p.一〇九)というのが、基本的な論点だと思います。

世界の教育の流れですけれども、教育界ではもともと両方の考え方がありますし、振り子のように振れるということはあるでしょう。それにしても、私はけっして、世界の教育、少なくとも日本以外の先進国が、今試験や学歴という外発的な動機づけを重視するようにぐっと傾いているとは思えません。アメリカやイギリスと、もともと試験重視だった日本、韓国、台湾などとは、いた位置が違うのですから、ベクトルが違うということは当然あるのです。欧米で、日本のような受験重視環境になって、通信教育、学習塾、予備校などが乱立して、社会をあげて受験をサポートしているような現象は起きていないのです。

しかも、日本では一九七〇年代から八〇年代にかけて、テスト重視で、受験が非常に過熱した時があったわけですね。和田さんの主張から見れば、これは試験でプレッシャーをかけて競争心をあおり、その勝者には学歴や社会的地位という報酬が与えられるという理想的な時期だったのかもしれません。では、その時に日本の学校で何が起きたかというと、ご存じのように**校内暴力**を中心とした学校病理現象です。勉強ができる子は確かにそういうシステムに乗っかることができます。内発的動機づけの高い子は、それなりに試験をゲーム感覚で楽しめるものですし、外発的な子どもたちは、成績が良ければいい大学に入れる、就職も良くなるということで勉強したかもしれない。しかし、どちらにも乗れなかった大量の子どもたちが出たわけです。内発的に勉強をおもしろいとも思えないし、競争の中では負けてしまう生徒たちは、一斉に「こんなところに来たくない」ということで、校内暴力や不登校という形で荒れが起きてしまった。その時、自殺者は少なかったかもしれないけれども、学習というものに対して疎外感を味わう子どもがものすごくいたと思うんです。日本ではそういう形で現れたという苦い経験がある以上、試験を強化して、外発的なやり方で、もう一度昔のように勉強させようというのは、私はけっして望ましい対応策ではないと思います。

現在の学校の問題は何か

では、私が何が大切だと思っているかと言いますと、けっして純粋な内発だけではないんです。今の学校では内発も外発もうまくいきにくくなっている。つまり、競争心をあおってとか、いい大学に入れるとか、お小遣いが増えるというプレッシャーがあまり効かなくなっている。子どもは、あえて勉強しなくても、お小遣いはそこそこもらえる。いい大学に入れなくても何とか、それこそフリーターでも生活していけるという時に、外的な報酬で勉強させるというやり方がうまくいかなくなっている。

かといって、純粋に内発的に、先生が授業をおもしろくするよう工夫しても、世の中にもっとおもしろいものはたくさんある。三十年前だったらテレビゲームもなければ、ビデオもなければ、携帯電話もなかった。その時、学校の勉強とかスポーツとかいうものが、子どもの知的好奇心とかかなり向上心を満たすものになりえた。優秀な子どもたちはそういうものにエネルギーを注げた。ところが、今はほかにも興味をそそるものがたくさんある。先生がせっかく授業をおもしろく工夫しても、なかなか教科の学習のおもしろさが通じないという時代だと思うんですね。

私は、学校は何を考えるべきかという時に、一言で言ってしまえば、もっと実用志向を重視するということだと思っているんです。つまり、今やっている学習そのものが自分の将来の仕事にも役立つし、社会で生活していく上にも役立つし、少なくとも何か自分の可能性を広げるものになるはずだと。単にどこかの大学に受かるとか、あるいはお小遣いが増えるとか、親にほめてもらえるとか、そういう意味での報酬ではなくて、その学習内容自体が大切なことなんだという実感を、子ども自身がもてるようなことを取り上げていく必要があるのではないか。

そういう意味で、今度小・中・高校に導入される「総合的な学習の時間」にも、私は賛成しています。もちろん、教科の学習というのは、やはりこれからも学校の学習の中心ではあると思います。しかし、それだけではなくて、自分が大切だと思えるテーマを設定してそれを追究していくような学び方というのが、今よりはもっとたくさん入ってきていいだろう。それが生徒の学習意欲を促すことにもなるだろう。ですから受験というプレッシャーではなくて、内容的な必要感を感じて学ぶということが学校の中に入ってきてもいいのではないかということです。

3 ひとこと言いたい三つの話

「教授になるとバカになる」という話

和田さんの『パワーアップ編』では、別の章でも学習の動機づけの話がたくさん出てきます。たとえば、「大学教授というのは上がりのポストで、上がってしまうともうそれ以上は上がらないし、下にも下がることがないというポストになっている。それが問題なんだ」ということが例として出ています。要するに、助教授時代は一生懸命研究をしても、教授になってしまうと、もうそれ以上は上がらないし、何もしないからといって降格になることもないので、勉強しない教授が日本にはたくさんいるというわけです。これをいったい何の裏づけとして出しているかというと、「もともと勉強する意欲の高い、つまり内的な学習動機のきわめて強い大学教授ですら勉強しなくなるとすれば、いくら教育心理学者が内発的動機づけのほうが外発的動機より重要だと主張しても、そのまま信用する気になれないのはわかってもらえると思う」（p.一二七）ということなのです。

今、コトの真偽はともかくとして、この例が「内発的動機づけへの反論」として妥当かどうかを、ぜひ読者にも考えていただきたいところです。第1章で紹介した内発論者のデシであれば、このエピソードはむしろ「外発的な報酬を伴わせるから、こんなことが起きるんですよ」という「外発的動機づけへの反論」の格好の例として出すのではないでしょうか。つまり、業績をあげることによって教授に昇進させるという外的な報酬を伴わせるから、教授になった途端に外的な報酬がなくなって研究をしなくなる、というハーロー実験のサルとか、ソマ・パズルをやったデシ実験の大学生と同じではないかといって、喜んで取り上げる事例ではないかと思います。

和田さんもデシと同じように、「外的な報酬によって、もともとあった内発的動機づけがもろくも崩れてしまう」ということは認めているように読めます。ですから、その点では、別に現象の解釈に相違があるわけではないのです。ところが、和田さんの場合は、「だから、内発的動機づけはあてにならない」というふうに論をもっていきます。ですから、いったいどうするのがいいのかとなった時に、和田さんの考え方だと、「教授になってからでも、たえず外的な報酬を伴わせろ」と言うのかもしれませんね。教授の上に大教授とか超教授とか、そうしたらまたそれを目指して勉強するだろう。常に外的報酬があれば、それを追い求めて勉強する。

それは確かに一つの考え方かもしれませんけれども、一方では、「大人の勉強は、なるべくならば興味や関心のあること、楽しめることをやるにこしたことはない」（p．九五）と言っているのとずいぶん違うような気がします。「内発的な動機づけがもてない場合に、外発的動機づけを導入することは有効」という点では、せっかく和田さんと折り合えると思ったのに、内発的動機づけがある場合でも、「それはあてにならないから、やはり外的報酬をつねに用意する」というのでは、再び物別れになってしまうでしょう。しかし、違いは違いとして大切なところです。やはり和田さんは、「基本的には外的報酬で動機づけるのが好きなのである」ということを再確認しておくほうがいいようです。

別の考え方をとると、昇進は昇進でシステムを考えることとして、ほかのインセンティブを研究に伴わせるという方法があげられます。職場での昇進には、給与とか、上下関係とか、社会的地位などが連動しています。そういうものではなくて、たとえばあまり賞金も伴わないような論文賞を学会でも出すということがあります。ノーベル賞などと違って、学会賞の場合、賞金はほとんど出なかったり、まったく出ないものもあります。でも、そういう業績を称えるというのは、これは「自尊志向」とも関係ありますけれども、やはりいい仕事をして社会に貢献できたということで、研究の内容や質の向上を促すことになる。教育的な業績であれば、学生からの授業評価もそうですね。学生の自治会も、きちんとした授業評価委員会をつくって、その結果を伝えればいいのです。昇進に直結はしなくても、いい授業を工夫して行っている大学教員に対しては励みになるはずです。そのような機会を増やして、昇進以外のインセンティブを考えようということはもちろんあっていいと思います。

「東大教授の意見も疑ってかかれ」という話

『パワーアップ編』の第3章には、「東大教授の意見でも疑ってかかれ」という話が出てきます。つまり、何か肩書とか権威とかそういうものに乗ってしまって、その人の言っていることだったら信じてしまう、あるいは社会的な重要な役割を与えるということはまずいという話です。はじめに、ノーベル賞学者の江崎玲於奈さんが、教育問題の専門家でもないのに教育関係の審議会などの委員長を務めたりすることへの批判が出てきますが、次に「東大教授の教育論でも頭から信用してはいけない」という話になります。「東大教授の教育論」というのが、何らかの権威の象徴として出されているだけなのか、その本の中で紹介してきた（和田さんが誤解しているところの）市川教授の論なのかはわかりませんが、それは今は置いておくことにします。

実は私も、高校生向けの『勉強法が変わる本』（岩波書店）の「まえがき」の最後に、「この本もどの本もやり方だけを鵜呑みにしないこと」として、次のように書いたことがあります。

たまたま一冊の本を読んで、たとえば有名な人がそれを書いているとか、けっこう売れているとかいう理由で信じ込まないほうがいい。この本では、学習方法についてかなり異なる意見も同時に紹介した。そして認知心理学的な視点からコメントしてある。この本を読んだ読者は勉強法のハウツー本に振り回されないで、それらをうまく利用できるようになってもらえると思う。

ですから、和田さんが言っていることは大賛成なんです。さらに和田さんは、人が権威に合わせて信じてしまうことを、心理学を引用しながら次のように指摘しています。「ある分野での権威の人が発言した場合、それが嘘であっても、人間の推論というものは、その発言に合わせる傾向があることが多くの社会心理学者の実験で確認されている。そうならないように自分の推論をモニターする能力がメタ認知能力というものなのである」(p.一三二〜一三三)。また、「いちばん大切なのは、自分自身が自分の肩書にだまされないというメタ認知能力をもつことだろう」(p.一三四)というのもまったくその通りです。しかし、ここで和田さんがいろいろこういう厳しい言い方をすればするほど、同じことを和田さんの『パワーアップ編』についても言っておかなくてはなりません。「受験の神様」と言われ、ベストセラー『大人のための勉強法』の著者として、勉強法の権威となった和田さんの書いていることもそうした目で見なくてはいけないということです。

今回の動機づけの話については、和田さんは教育心理学での動機づけ理論というのを、ここのところ勉強されたんだと思いますけれども、たとえば私の二要因モデルについては早合点して誤解した上で論を展開している。また、私が「外発的な動機づけというのをもってはいけない」と言っているわけではなく、「場合によっては有効だ」と明言しているのに、誤解した上で批判を展開し、「有効な学習方略を用いるために逆効果だということになっている関係志向—自尊志向—報酬志向を動機づけにするテクニックをここではあえて推奨することにしたい」（p．一〇九）などと述べている。推論が自分の批判しやすいほうにどんどんどんどん流れていってしまうのです。

「他者を上手に利用する」という話

こうしたことが起きないように、和田さんは実によい方法を提案しています。それは、「他者を上手に利用する」ということです。勉強はなかなか一人で進めることはできません。他者と支え合うことが、「いっしょにがんばっているんだ」という動機づけの点からも、「わからないことを教え合う」という認知的な点からも非常に大切だというのには私も賛成です。和田さんの昔の受験本の中でも、受験勉強はけっして友人を敵と見て戦う孤独なものではなく、友だちといっしょにやっていくほうが結果に結びつくという話がよく出てきます。ニュアンスは少し違うのですが、最近の和田さんは、「知識のアウトソーシング（外注）」ということを言われます。自分ですべてのことを勉強しようとする必要はなく、むしろ信頼できる知識源を外注先として持っておいて、それを利用するほうがいい。そのような他者をどれだけ持っているかということもまた、勉強するにあたって大切なことなのだということのようです。

私もそのような「外注先」として一役買っているのかもしれませんが、それならば、もっと上手に利用していただきたかったと思います。少し分野が違うことを紹介して、ましてやその批判まで含めようと思ったら、事前に原稿を見せてくれれば「ここはちょっと誤解だ」と、すぐ言えたはずなのです。そうすれば、今回のように誤解したまま本になって世に出るということはなかったでしょう。もちろん、コミュニケーションには誤解がつきもので、誤解された私のほうにも責任がなかったとは言えません。だからこそ、「理解や推論にはバイアスが入る」ことを重々承知していて、「他者を上手に利用して勉強しよう」とまで言っている和田さんには、私を徹底的に利用してほしかったということです。

本章のここまでのまとめをします。和田さんが教育心理学の動機づけ理論や私の二要因モデルを紹介してくださったことはありがたいことです。しかし、誤解されて紹介され、「教育心理学者の言っていることはこういうことだが、精神分析の最近の理論とも合わないし、世界の教育界の動きとも合わない」と書かれると、それだけを読んだ読者は「ああ、教育心理学者がやっていることというのは非常に的外れなことなのだ」と思ってしまうでしょう。そういう形で理論が社会に出ていき、『パワーアップ編』の正誤表のような形で本書を読んでもらわなくてはならないというのは、和田さんにとっても、私にとっても、『パワーアップ編』を購入した読者にとっても不幸なことです。和田さん自身が提唱しているような勉強法をフルに使って、万全を期してほしかったということになります。あとは「対談部分」で和田さんからのご意見、反論をお待ちしたいと思います。

4　和田秀樹氏との対談

精神分析理論と内発・外発

市川　はじめに、内発・外発の捉え方について、あらためて和田さんのほうではどうお考えですか。

和田　確かにおっしゃる通りです。おっしゃる通りというのは、精神分析理論の中で、まあ内発・外発とは呼ばないんですが、こういう二分法的な考え方を明確に提唱しているのは、ステファン・ミッチェル（Stephen A. Mitchell）という研究者なんです。ミッチェルは、精神分析理論を**ドライブモデル**というのと**リレーショナルモデル**というふうに分けてます。要するに人間の本能と言っていいのかどうかわからないけども、人間の基本的な心理ニーズというか、基本的な動機づけがそのドライブによるものなのか、リレーショナルなものなのかという分け方をしていて、たとえばフロイトの理論はドライブモデルだ、コフートのモデルだとリレーショナルモデルだという分け方をしたわけです。

そのドライブモデルというのは、自分の内なる欲望を満たすために動いているとする。リレーショナルモデルというのは、人間というのは人との関係性を良くしたいとか関係性を求めるという動機で結局、動いているとする。両方ともそれはある種の本能を仮定しているわけで、リレーショナルモデルの人たちは、人間関係を求めるという本能があるとするわけです。ボウルビーという人は、乳幼児の精神医学者であるとともに精神分析医です。彼は基本的には、人間は関係性を求める動物であるという本能の仮説を立てて、だから最大の不安というのは分離不安、独りぼっちになる不安なので、要するに関係性を得るためにいろいろなことをやっていくんだと考えた。だからボウルビー自身が明確に、たとえばの話、学習だとかも含めて、いわゆる内発的動機じゃなしに外発的動機でやっていると言ったわけではないです。

だから僕も、その分け方にのっとって、たとえばどちらかと言うと、フロイトの快楽を求めるようなモデルというのが「楽しいから勉強をする」というものに通じるものがあるんじゃないか。一方、リレーショナルモデルというのはどちらかというと、「人にほめられる」とか「人からどう思われるか」とか、そういう「対人関係を良くする」ことを目指すモデル、周囲を意識して勉強する、周囲からの働きかけで勉強する、そういうことにつながるモデルだろうと考えたわけです。

精神分析で言うところのドライブモデル、リレーショナルモデルを教育心理学で言うところの内発的動機論、外発的動機論と結びつけたのは、まあ、ほかの人もやっているかもしれないけども、僕が独自な見解として述べたということです。要するに精神分析の世界では、いわゆる内的な快楽志向だとか、あるいは「死の本能」的なものだとか、人間がそういう自分の内なるものに動かされているという考え方よりは、外なるものに動かされているんだという考え方が強くなってきている、ということを言いたかったんです。ただ、そこを内発・外発と結びつけるというのが違うと言われたら、それは定義の問題ではないかとも思うんですが、僕自身も多少は反省しなければいけないとは思うんですよ。

市川　学習の場面では「内発」と言った時に、学習が内発かどうかということを問題にするわけなので、内から出てくる他の欲求があったとしても、それが学習そのものに対する欲求じゃなければ、内発的な動機づけとは言わないということです。だから、典型的な外発的動機論の「行動主義」の場合だって、もちろんドライブということがあるわけだけれども、そのドライブというのはあくまでも生理的な欲求だったり、苦痛な状態から逃れたいというようなものですよね。これはもちろんドライブなんですけど、それに伴って学習が起こるという時には、あくまでも学習が付随的なものにされちゃってるので、他のドライブがあっても、学習に関しては内発的とは言えないということになりますね。「学習すること自体がドライブ」という発想ではないから。

和田　実際に行動主義の人たちが言っていることというのが、基本的にいわゆる本能のコントロールのしかたですからね。つまり、苦痛を避ける、快楽を求めることのためで、目的はそっちであって、基本的には学習というのがそのおまけだということなわけでしょ。

市川　うん、そうですね。ドライブを満たす手段として学習を捉えるということですからね。ただ、行動主義では、そういうドライブがあってこそ学習が起こるとする。

和田　そういう意味で言えば、いわゆる本能理論に根ざしたものと言おうか、ドライブモデルに根ざしたものと言えないわけではないですよね。そういう点では、結びつけ方自体がちょっと極論に見えたということは言えるかもしれないですけど、ただ、人間の行動や学習において外なるものが動かす動因になっているか、内なるものが動かす動因になっているかということで考えた時に、外なるものの力のほうが強いんじゃないかということは、体験からくる、僕の個人的な心情でもあるんですよ。そして、そういうことを現代精神分析の人も言っているわけです。

理論の背後にある生い立ちと人生観

和田　市川さんもこの中で指摘したように、僕が最初に『受験は要領』(ごまブックス)を書いた時に、たとえば、いくらと書いたか覚えていないんですけど、受験勉強というのは、学歴によるメリットを考えると、時給五万円とか六万円にもあたる価値があるんだということを書いている。基本的に外発的な動機のほうをわりと個人的にもバネにして生きてきたということはたぶんあるんだと思うし、それは市川さんがそうじゃないところから始まってきているのかもしれないしね。それっていうのはよく言われることで、たとえばフロイトがなんで「エディプス・コンプレックス」の理論を立てたかというと、「フロイトはものすごく優しい母親と恐い父親がいたからなのであって、フロイトは自分の夢分析をすべての人に当てはめようとした」という言われ方をしているわけだし、逆にコフートというのは、「小さい頃に非常に自己愛が満たされないような育ち方をしたから自己愛理論をうち立てたんだ」とか、よく言われるわけですね。

市川　そういうことは、大いにあるでしょうね。

和田　精神分析の人たちの場合に、その理論家の生い立ちが理論に与えた影響の研究というのは、意外にあるわけですね。それは各々の人間観というのがどこから出てきたかということがあると思うんです。確かに市川さんもおっしゃるように、今回の本で、内発的な動機づけの人間に対して僕に若干の嫌悪感があったので筆が滑ってしまったというのがたぶんあるんでしょうけど、僕自身は、わりと物事を考える時に連続体モデルで考えるのが好きなタイプの人間で、内発と外発の連続性があると考えています。だけど、今僕が申し上げたかったのは、入口として、もしくは今現在勉強できない人のためには、やはりかなり外発が大事なんじゃないかということです。今内発的動機がある人を外発に変えろなんていうことは全然思っていないし。

市川　その点ではむしろ、こちらのほうから、「僕もそうですよ」と言いたい。今内発的動機づけがなかなか持てない人に、その入口として外発的なものが有効だということは、僕も認めているということです。

和田　ただ僕も、昔とは確かに考え方を変えてきている。というのは、それはどんなに俗的な動機づけであっても、東大を出ていたらそれなりの収入とか地位が保証されている時代は、別にそういう動機づけをしても嘘を言っているわけではなかったんです。今は嘘を言うわけにいかないわけですから、当然、入るための勉強を通して、努力する才能だとか、相手を分析する才能だとか、自己分析する才能だとか、そういうものを身につけるのを動機にしようよというように……。

市川　ああ、そういう意義があるということですね。だから一昔前の和田さんだと、一生涯の賃金が東大と他の大学ではどれぐらい違うかとか、そういう話がよく出てきて……。

和田　うん、だからそれも書かなくなってきた（笑）。

市川　そうなんですか。でも、このへん、やはり和田さんとは違うんだろうけど、これからもし東大を出ていることによって経済的にも社会的にも高いステータスが確実に得られる時代になれば、またそういうふうにそれを言いますよね、和田さんなら。僕は言わないですね。昔も言わなかったし、将来そうなっても言わない。

和田　僕は将来そうなったら言うだろうし、子どもがあまり勉強をしないがために、社会が政策を変えて、やはり高学歴の人を優遇したほうが勉強するようになるんじゃないか、という政策をとったとすれば、僕はころっと変わる。

市川　僕は変わらないんですけど、そういうことを生徒が知るのは悪くないと思いますよ。そうなったという結果より、なぜそうなったのかということが大事ですよね。生涯賃金が違うとすれば、それはなぜかというと、学歴を得るために培った学力というものが、実質的に社会で生かせるからというところが重要なので。

和田　だから基本的に、たぶんこれは市川さんも同意してくれると思うんだけど、動機っていうのは社会的背景に相関したものだと思うんですよ。もっと極端に言えば、それこそマズローじゃないけど、食うや食わずの時代の動機と飽食の時代の動機とはたぶん違うだろうし。

市川　でも、そこで東大を出ていると、たとえば一生涯の賃金が一億円違うとか、あるいは女の子にモテるということを、受験生が机の前に貼ってがんばっているという姿は、僕にはあんまりカッコよく見えないですね。それこそ個人的なことになるけど、自分自身は東大に行って研究者になりたいと思っていた。研究者になると、お金がもうかると思ったことは一度もないんですよ。でも、研究者としていい研究をするということはものすごく魅力的に思えた。それは生涯賃金とかおよそ関係ないですね。まあ、モテればいいと思っていたけど、むしろ東大生だということを隠してモテるほうがカッコいいと思いましたしね。自分が実際にこの受験勉強でどういう力をつけるかということと、およそ生涯賃金だとかということをダイレクトに結びつけようと思ったことがないから。

和田　それが人生観によるものなんだろうと思うけど、ただ、さっき言ったみたいに、なぜ外発を僕がかばうかと言ったら、外発がカッコ悪いかのように思われている部分というか、外的報酬ということを言う人は非常に俗っぽいと思われることが多いからなんです。僕は基本的に、動機とカッコよさというのは関係ないと思っていますからね。カッコ悪い動機だったらだめで、カッコいい動機だったらいい。つまり、受験目的で勉強しているやつはだめで、研究者になりたいから勉強しているやつはいいという考え方で、「勉強自体はいいけど、受験勉強はだめだ」と言っているうちに、本当に日本中が勉強しなくなっちゃったという悪い歴史があるわけですから、そこは考えてほしいと思うんです。

つまり、「勉強することはいいことなんだよ。だけど、そういう受験だけを目的にした俗っぽい理由で勉強するのは良くないんだよ」というふうに伝えるべきメッセージが、どうも受験勉強批判の中で、勉強そのものまでに批判の矛先が行っちゃったというのは、それは何かしらの形で親たちにコンプレックスがあったのか、それともどういうことなのか僕もよくわからないけれども、そういうふうにどうも極端から極端に走っちゃうというところがあると思うんです。

市川 そうなんですけど、内発寄りの立場から言うと、たとえば生涯賃金ということを目標にしてやっている時には、勉強はどうしても手段になっちゃうわけですよね。そうすると、何も勉強なんてつまらないことをしなくても、他に生涯賃金を高める方法があるんじゃないかなあ、ということで勉強に意欲を失うということもあるかもしれないし、勉強の中身そのものよりも、「どうも学歴がいいことが生涯賃金に結びつくらしい」と考えた途端に、「ま、とにかく受かっておけばいいんだ」ということで形骸的な勉強になりやすいとか、むしろそっちのほうを心配するということですね。

和田 僕はそうじゃなくて、形骸的な勉強でも、しないよりいい、とにかくまずやっていればちょっと違うだろうというふうに思うわけですよ。

市川 でも生涯賃金としてはせっかく高い目標をもっているのに、実は形骸的な学習ではそれも達成できないわけですよね。もっと質の高い勉強をしてもらおうと思ったら、生涯賃金ということが頭にあってもいいけれども、一方では別の動機、それ自体もおもしろいとか、自分のためになるという動機をもったほうが、結果的には生涯賃金のほうの目標だって達成できる。

和田　もちろんそうです。結果論はそうなのかもしれない。つまり、僕は勉強をやってくれさえすれば動機なんて本当はどうでもいいと思っているんですよ。実際、日本の子どもは国際調査でも世界で最も勉強しなくなっているわけですから。これ言っちゃうと、もう話にならないんだけど、本当はそうなんです。

教育における動機づけをどう考えるか

和田　僕が思うのは、いわゆる教育政策で動機づけ理論を利用するような場合に、全員に当てはまる動機づけ理論がないのに、それをやるということがまず危険なのではないかということが一つです。もう一つは、市川さんがこの中で書いたみたいに、精神分析の理論というのは、どっちかというと病人相手の理論だ、教育心理学は正常者相手の理論だというわけだけれど、勉強ができない子どもだとか、勉強の意欲が非常にない子どもたちというのは、ひょっとしたら病気の人間に近い動機づけ理論のほうが当てはまるかもしれない。つまり、人によってタイプが違うわけだから、全員各々面接させてもらえれば、「こいつには内発的動機を振ったほうがいい」「こいつには外発的動機を振ったほうがいい」という個別指導というのが僕はある程度は可能なんじゃないかと思うんですよ、付き合っているうちということでしょうけど。だから市川さんだって、生徒への学習相談などで個別にやれる場合だったら、全員に同じやり方を振るということはあんまりしないんじゃないかと思うんですけど、どうですか。

市川 うん、そうですよ。まさにそれが僕が言っていることでもあるんですよね。だから全体的な基調としては、内発的な動機づけをもてるようになることがむしろ学習の質を高めることにつながりやすい。だからできるだけそっちの動機が出てくるほうがいいとは言っていますけど、学習の初期段階から無理に「学習自体がおもしろいよね」とか「実用性があるから」ということを言っても、やはり無理だろうと。それを支える時に関係志向であるとか、自尊志向であるとか、報酬志向であるとかというのはやはり大切ですよね。そこらへんを臨機応変にやっていこうという点では、和田さんと僕はそんなに変わらないんだと思うんですよ。ただ、今の話だと、僕のほうは、そういう動機は入口としては大事。しかも、消してしまえなどとは言わない。けれども、学習を進めるにつれて、それ自体のおもしろさであるとか、何の役に立つのかということが味わえるほうがいいだろう、というのがあって、和田さんはそういう動機なんかなしでも十分やっていけるよという感じなんですかね。

和田　「なしでも」というのがなかなかむずかしくて、僕自身の経験でいくと勉強というのがやはり「わかる」とか「できる」ようにならないと、おもしろいと思えない。

市川　うん、そうでしょうね。

和田　ということがあると思っていて、確かにそれはおもしろいと思えるに越したことはない。そういう点では市川さんの考え方と似てるかもしれない。ただ、やっているうちに好きになるというのはかまわないんだけども、「最後は内発的動機がいい」、だから「内発的動機にならないといけない」とか、「好きにならなければならない」とかいう強迫観念というか、そういうものは必要ないだろうと思っているわけで、どうしても勉強が嫌いでもやらなきゃいけないない時は外発的動機を求めるしかないだろうと。僕は今回の本で今やる気がしない時に外発的動機を使おうという話をしたかったんですけど、これはもちろん今回の本だけに限らず言わせてもらうと、入口論なんですよ。

市川　その点では同じなんじゃないですかね、僕も入口論なんですよ。ただ、確かに入口というか、取っかかりではあるんだけど、その先にどっちの方向へ行くかで、考え方に少し違いはあるなと思うんです。たとえば、あんまり計算が得意じゃないという子がいたとしますよね。ある程度やればできるはずなんだけれども、なかなかやる気が出ない。その時に、外発的な報酬を重視しようという考え方だったら、「とにかくやったらほめてあげよう」とか、「お小遣いを増やしてあげよう」みたいなほかの賞を与えることを考える。

しかし、向上心みたいなことを喚起しようという内発的な方向に行く人は、たとえば、「じゃ、毎回どれぐらいタイムが伸びたかというのを測ってやってみよう」。要するに「自分と競争」ということをやってみよう。すると、遅いなりにだんだん伸びていく、となるとやる気が出てくる、そうするとおもしろくなってくる。やはり両方の方向がありえてね。僕だったら「計算速くなったらお小遣いあげるよ」とか「シール貼ってあげるよ」ということよりは、「自分との競争でタイムを上げてみよう」という方向に行くかなと思うんですね。

和田　基本的に動機づけ理論というのは、仮説はいくらでも立つし、しかもさっき言ったみたいに、自分自身の人生観にすごく影響される部分というのは大きいわけですから、しかもおそらくみんなそれぞれちょっとずつ違った動機をたぶん持っていると思うんです。

市川　うん、そうだと思いますよ。一人の中にもいろいろあるし。

和田　そうするとね、個別指導なんかの場合は、もちろん個人個人に合わせた動機を用意しなければいけないかもしれない。ただし、たとえば、塾だとかいう場合だったら、子どもたちを受からせるために、ひとまずは全員同じ処方箋みたいに同じやり方でならすのでいいのかなということがある。

市川　うん、むしろ教える側がレパートリーとか考え方をいろいろ持ってて、その子その子に応じられる状況ではどういう対応をするかということでいくしかないんじゃないですか。それは個別学習指導だって基本だし、おそらく精神科医の人だってそういうことを考えていると思うんですよね。

和田　精神科医のほうがたぶんそれは個別重視的でね。というか、全員に同じことをということを考える必要がないからかもしれないけども、たぶん僕らのトレーニングの中で非常に個別性を重視するやり方になってしまうという部分はあると思うんです。ただね、そこで何が言いたいかというと、動機づけ理論というものに関しては、これはある種、結果で判断するしかない。この動機づけ理論が正しかったか正しくなかったかということに関しては、たとえばの話、最終的な学力が向上したとか、最終的に勉強時間が増えたかとか、結果しだいですよね。総合的学習をやらせてみた時に、それが本当に内発的な動機づけ理論に基づいているかどうかはわからないけれども、その評価は、ペーパーテスト学力であれ勉強時間であれ、きちんと評価できる指標で「こういうふうに良くなった」ということでしか判断できないと思うんです。

和田　動機づけ理論というのは、いろいろな仮説が立つ分だけ、結果で見ないとしようがないんじゃないか。一見、非常に正しそうに見えるけども、コインの両面みたいな部分ってあると思うんですよ。つまり、ある方向性で見ているからそんなふうに見える。たとえば僕も市川さんの言うことは非常に正しいと思うし、「大学教授になったら勉強しなくなる」という話は市川さんからすると、外発的報酬はいけないという例だって言われると、盲点を突かれたと思うわけです。ただ、僕の見方だったら、「外発的動機がなくなったら途端にやらなくなるんだ」という考え方になるし、デシの考え方でいけば、「それは賞なんかつけるから悪かった」ということで……。

市川　前半は同じですよ。賞を伴わせるから、賞がなくなった途端にやらなくなった、という現象面は同じなんだけど……。

和田　同じだけど、解釈のしかたが違うわけですね。

市川　解釈のしかたと、「じゃ、どうするべきか」が違う。

和田　そうですね。「じゃ、どうするべきか」を実際やってみれば、本当は試せることですよね。

市川　たとえばどうするべきだと、和田さんは言いたかったんですかね。

和田　僕は、本当は、教授になってからだって、何年かに一回、評価をして、ちゃんと教授で居続けられるかどうかということを決めるとか。

市川　あるいは、教授の上をつくるとか。

和田　そう。つまり任期制にして評価が悪ければやめてもらうか、それともそれこそ、市川さんがあげた「大教授」みたいに、そういうふうなちゃんとまだまだ上があるというやり方、僕の理論に立脚するとそうなりますよね。仮にデシの理論に立脚するとすれば、賞を伴わせるから悪いということになるわけでしょうね。東京都のいくつかある医学系の研究所みたいに肩書一切廃止にして。ということは、逆に言えば、東大だって、もう助手から上は全部教授ということになるんですが。

市川　ただ、僕はそう言っていないですけどね。何らかのインセンティブというのはあったほうがいいけれども、それにあんまり多大な外的報酬、たとえば金銭的報酬も伴うようにすると、かえって良くないだろう。だから名誉としての賞みたいなことはあったっていいと思うし、それはあくまでも仕事の質に対して与えられるべきものであれば、とにかく量ばっかりたくさん論文を出せばいいとか、そういう形骸化はしないだろうということですね。

和田　何が言いたかったかというと、「教授になったら勉強しない」という現象が仮にあったとしても、その時に僕の解釈とデシがするだろう解釈が違うわけだから、そのどっちの解釈が正しいかというのも、また実験をして試してみないことにはわからない、ということなんですよ。要するに、教授というのがわりと簡単になれて、最終的な資格は研究所みたいに全員同じ、階級をつけないみたいな形でとにかくやりたい研究をさせる。東京都の研究所なんかは、階級をつけないかわりに、わりと研究予算を、今はどうか知らないけど、みっちりつけたわけですね。つまりどちらかというと、内発的動機づけ理論に支えられてた。ただ、結果的に見ると、みんなそこで業績あげると大学教授になりたがっちゃって、中に残る人が非常に少なくなってしまった。

市川　ああ、業績をあげるとそこを出ちゃうとか（笑）。

和田　うん、だからそこの中で予算を潤沢に取って、結局、業績があがると教授になっちゃうわけだから、結果的には、外的報酬が動機になっていたのかもしれない。ただ、少なくとも、もともとの基本的な考え方としては、肩書を求めて研究するんじゃなしに内発的動機によって研究する、という形で研究所をつくったわけですよ。それでそこそこ業績もあがっている。

市川　ただ僕もね、実際問題としては、研究者って、そういう環境を理想的と思うかもしれないけど、どれだけたくさん仕事をした人もあまりしない人もまったく同じ処遇というシステムは実際にはどこかで崩れてくると思うんですよ。僕もそこまで純粋に、「研究者になるような人だから、みんな一律に条件を満たしてやって好きなようにやるのが一番いい」とは思っていないんですよね。しかし、逆に報酬を伴わせすぎた時、たとえばアメリカなんてかなりそういうのが厳しいじゃないですか。いつでも評価がつきまとっているというシステムだと、形だけの評価を得ようとして、たとえば論文をあまり中身がないのにたくさん出したり、人から引用されるのがいい研究だということになると、他の人にも引用を迫ったり、お互いに引用し合ったり、という形で、何かの指標があると途端にそればかり追求するということが起きちゃう。

和田　ただ、プロダクティビティだけ取ってみれば、結果的に駄論文でもいいからいっぱい書くようにする分だけ、当たりの確率は確かに増えていると思うんですよ。少なくとも医学に関しては、日本の大学が出す業績よりは、アメリカの大学が出している業績のほうがはるかに上だ、という印象は受けますすけどね。

市川　まあ、そうかもしれませんけど、逆に日本であういう形でやった時に、もっとアメリカよりもひどいような形骸的な事態になっちゃうかもしれない。

和田　もちろんそうですね。ただ、教育であれ、大学の人事システムであれ、仮説だけが結局、先行してしまうよりは、「仮説を言うぐらいだったら、じゃ、試しにやってみたら」と言いたくなるわけです。その「試しにやる」時に、日本中の大学でいっぺんに、たとえばさっき言ったように、全員教授みたいにするんじゃなしに、いくつかの方式に分けてどのやり方がいちばん業績をあげるかを見るようにすれば、比べようがあったんじゃないかと思うわけです。

教育政策と文化的環境の影響

和田　市川さんと僕とは、現状の子どもたちに対するある種の危機感というか、現状の子ども分析の部分がたぶん違うのかもしれないと思うんですよ。つまり、今は子どもたちが、もうどうしようもないぐらい勉強をやらなくなっちゃっている時代だから、という背景。二十年前に内発か外発かで討論するのと、今はどういう動機を用意すべきかは違うという話ですよ。今はやはり外発を用意せざるをえないような切羽詰まった時期に来ているんじゃないかということが僕は言いたい。アメリカなんかの教育政策を見ている限りだと、小学生でも落第させるとか、非常に「ムチ」を重視してる。

市川　ただ、その時に、勉強をやらなかった子どもたちにどういう罰を与えるかということになると、それも今むずかしいですよね。たとえばアメリカだったら、途端に本当にライフル持ってきて学校で乱射するというふうになりかねない時代になったでしょう。

和田　そのできない子どもがね。

市川　そうです。日本でも**校内暴力**というのが以前かなりありましたよね。一昔前だと、「もうこれはやらせるんだ」という方針でいけば、学校にもそれなりの力があって、なんとかやらせることができたのが、だんだん学校にもそういう力がなくなって、社会も学校にそれだけの力を与えなくなっちゃいましたからね。「学校たたき」とかずいぶんされて、教師も昔ほどの権威がなくなってしまったし。

だから、「勉強はとにかくやれ」と言えなくなってしまった。勉強に限らず「何々をやれ」と言えなくなってしまったという点では、「アメとムチ」もうまくいかなくなっている状況ですよね。かといって、内発的動機づけもあんまりうまくいかなくなっている時代だと思っているんですよ。学校のほかにもおもしろいことがいっぱいありすぎてね。しかも子どもたちに経済力があるので、いろいろな楽しいことを学校以外で満たせる。内発も外発も僕はうまくいかなくなってきた時代だと思っています。その時にはむしろ、実質的な内容として、これが自分が生きていくのにいかに大事なことか。それは目の前の受験というよりもっと長い目で見て、自分にとって必要なこと、あるいは社会で生きていくために必要だ、ということを感じた学習が必要なんじゃないかと。

和田　そこを内発と言うか外発と言うか、むずかしいですね。

市川　ええ、端的に言えばこれは「実用志向」だと思っていますから、外発に近い。

和田　僕もその「実用志向」的なことを最近すごく言うようになってきています。実はもう今はたとえば東大に受かった、早稲田に受かった、慶応に受かった、ということ自体が昔ほどのおいしさがない。だけど、東大に受かるための勉強、早稲田に受かるための勉強、慶応に受かるための勉強をすることに意味があると言っているんです。つまり、まず勉強を続けることができるようになるだけでも意味がある。本当に四割の子どもが家へ帰って全然勉強しないという結果が出ているような時代だったら、勉強を続けるという才能だけでも十分価値があることだし、あとは計画を立ててだとか、自己コントロール能力を身につけるだとか、志望校の分析をするだとか、自分の能力に対するメタ認知をするだとか、そういう経験が大人になってから生きるんだから勉強しようということを、最近は書くようになっている。

市川　それは、僕の言葉で言えば「訓練志向」かと思いますけど。でも、和田さんがそういうことを言い出してくれたのはすごくいいことだと思っているんですよ。だから「○○大学に入るために大事だぞ」というよりは、そこで得た力というのが実は一生の自分にとってのある意味で資本になると言いますかね。だからこの最初に出た『大人のための勉強法』のほうは、そういうことが姿勢として貫かれているという気がして、いいと思うんですよね。

和田　だからそれを子どもにもだいぶ言うようになってきているわけですけど、問題は、とりあえずアメリカの場合は、少なくとも銃の乱射は突発的に年間数件は起こるけれど、それには目をつぶっている。校内暴力に関しては強制力を使うようになって、「ゼロトレランス運動」を始めて、とにかくけんかをしようが何をしようが、校則違反は全部オルターナティブスクールに送るというやり方をとったら、かなり減ったわけですよ。だからこういう豊かな時代、豊かな背景の中で、ある種の強制力の復活みたいなものというのは致し方ない部分じゃないかという気は一方ではしているんですよ。第一、勉強をさせないことには楽しさもわからないわけですし。

市川　だからその時に、どういう言い方を子どもにするか、子どものほうがどういうふうにその事態を捉えるかですよね。無理やりやらされているから、やらないと罰を食らうからやっているんだと認知するか、大人もそれを説明して、こうやっていろいろ経験してみることが実は大事なことなんだと言うか。

和田　それはもちろん強制力を働かせながら、勉強というのはこういうメリットがあるんだよという説明は必要だと思います。

市川　大事だと思います。大人社会全体がそういうことを子どもに対してちゃんと納得させるというね。

和田　だから僕はいみじくも市川さんが言っていた中で、「文化的な暗黙の方向づけ」という、あれは非常に意味のあることだと思っています。要するに教育というのは家庭教師を雇おうが、塾に入れようができるわけですよ。だけど、価値観としてそういう文化がない家庭環境の中では、子どもが勉強するという時、どうしようもなく悪影響を与えるだろうなと本当に思いますよ。社会の雰囲気という影響が実はすごく大きい。

市川　うん、そう思いますよね。

和田　だから日本の子どもに勉強させても、いろいろなアンケートを取って、たとえば「数学が大事だと思う」という答えが世界各国の中で最下位になったりしますよね。「理科が生活の中で大切だ」というのはそれよりもっと断トツの最下位でしたけど。

市川　親が科学雑誌を読んだり、テレビの科学番組を見たりして楽しんでいるという雰囲気であれば、子どもだってそうなっていくと思うんですよ。だから強制力という時でも、一番まずいと思うのは、親がほとんど勉強してなくて、子どもにだけ強制的にやらせようとすること。

和田　おっしゃる通りですね。それはそうだと思います。

市川　それでは、やはり子どもは暴れ出すと思うんですよ。

和田　今の親世代というのは、子ども以上にテレビで育っているから、テレビでもう喜んでキャッキャッ言って、いまだにアイドルなんかを追いかけ回している人も少なくない。それで子どもに「勉強しろ」と言ったって、それは無理だろうと思いますけどね、確かに。アメリカの場合は、あれだけミーハーな文化なんだけれども、その一方で、勉強することに対する素直な尊敬みたいなものが非常にある社会です。だから、むしろ動機ということを考えた時に、『大人のための勉強法』という本が僕の受験勉強の本より非常に有利だと感じたのは、受験勉強というのが功利的な勉強として批判されている一方で、大人になっても勉強しなきゃいけないというのは、わりといいことのように思われてることなんです。

市川　ええ。だから僕はあの本がヒットしたというのは、そういう意味では大きいと思っているんですよ。大人も勉強のことを考えているし、勉強を楽しんだり、自分を広げることを、こういう本を読みながらやっているんだよ、というメッセージになりますからね。

和田　そうですね。だから大人が勉強するような社会になれば、子どもも多少は勉強してくれるんじゃないかという期待はもちろんあるんですよ。それで最終的に動機が、僕なんかもどっちかというと、今、内発的なほうにおかげさまで来ているわけだから（笑）、内発的なものになるのを最終目標にすべきなのかどうかわからないし、それを目標にすべきかどうかを明確に口に出して言ったほうがいいのかどうかもよくわからないけれども、運良く内的なものが持てれば、それに越したことはないと思っているんです。

市川　うん、それはもちろんそうですよね。本人の中でも、何もすべてのことに内発的動機づけをもたなくちゃいけないというのも無理だと思うんですよ。ただ、自分でこれはかなり入れ込んで「やるぞ」と決めたことは、何かほかに報酬があるからと思ってやっているよりは、好きになる工夫を積極的にするほうがいいと思いますね。本書の第4章では、そういう話を具体的に書くつもりです。

誤解の解消に向けて

市川　最後の「ひとこと言いたい三つの話」のあたりは、特に何か。「教授になるとバカになるという話」とか（笑）。この話は、さっきもう出ましたね。

和田　ええ。次の「東大教授でも疑ってかかれ」という話は、何が言いたいかというと、別にそれは、物事を疑ってかかれというのは批判的読書法なわけだから、それ自体は当然なんだけど、なぜそんな話を出したかというと、ある意味では地位を利用して、国の教育政策なんかを決める立場の人間が、そんな決めつけをしていいのかということが言いたかったというだけの話です。文部科学省をはじめとして日本の役人ってすぐ学者を引っ張ってきて、「こんな偉い学者がこんなことを言っているんだから」という形でいろいろなことを決める。これは教育の世界に限ったことじゃないですよ。経済の世界だって何だって、経済学者をいつもブレーンにして審議会というのをやって、「審議会でこんな偉い学者がちゃんとこんなことを言っているんだから、この経済政策は正しいんだ」とかという形で押し付けてきているという歴史がある。しかも教育にしても経済にしてもけっしてうまくいっていない。だから、それは違うだろうということを言いたかったというだけの話です。別にこれはまあ余計な話で、動機とはあまり関係ないです。

それで確かに市川さんの考えに対して、誤解してたり、事前に原稿を見せられなかったことに関しては、いつもというのはたぶんむずかしいだろうけど、お詫びしないといと思っています。ただ、そうは言っても、ある物事を考える時に、ある理解があって、そこから発想が出てくるということはあると思うんですよ。だからたとえば、市川さんが逆に僕の『数学は暗記だ！』（ごま書房）というのに対して、若干、誤解をしたとしても、そこからまた理論が深まってくるだとか、議論が深まってくるということがあると思うんですよね。だからそういう点では、もちろん誤解はないに越したことはないんだろうけども、ある本を読んだ時に、ある理解なりある解釈をするから、そこから一つまた別のものができてくるということがあるんじゃないかと思いますね。

市川　うん、そうだと思います。そしてコミュニケーションというのは、絶対に言いたいことが全部伝わるなんていうことはまずなくて、少し解釈に誤解があって、またそれを表現して相手が受け止めるから進んでいくということはもちろんあるんだけど、今回の場合、結局、僕の話が活字となって紹介されちゃうと、「あ、市川の言っていることはこういうことだ」と読者に誤解されて、一方、確かに和田さんの批判が妥当に見えるわけですよね。それが何万部も出ちゃうと、誤解されたほうは困る。そういうことが起きないようにするためのいい方法としては「他者を上手に利用する」ということをむしろ和田さん自身が言っているではないか、うまく利用してくだされればよかったのに(笑)、ということですね。

和田 いや、それはおっしゃる通りだと思いますよ。基本的にそうなんだと思うんですけど、たとえばの話、市川さんに限らず、何人かの人が『数学は暗記だ!』をぼろくそに言う材料に使ってくれているわけです。悪い学習法の典型例としてね。それを読んだ方々は当然、ほとんどと言っていいほど、僕は丸暗記の数学を奨励してて、入試問題なんてやった通りの問題が出るかのように思っているようなペテン受験勉強研究家だと思って読んでいると思うんだけども、でも、書いたものを世の中に出すということはそういうことなんだろうなってあきらめたわけですよ。

市川 和田さんのほうはあきらめた、ということですね。

和田 うん。しかし、カギカッコ付きで嘘を引用されたことがあるんで、それにはもちろん抗議しますよ。こっちが書いてないことを書き足してカギカッコにして引用されたわけですからね。だから確かに今回僕の誤解はあったのかもしれないけども、でまかせな引用をしたつもりはないんですけどね。

市川　特に今回、なんで僕が言っているかというと、要するに『学力危機』というのが共著だったので、共著だったらいっしょに出しているんだから……。

和田　おかしいじゃないかと。

市川　ええ、そう、共著だからということが一つあったのと、あと非常に近くにいるんだから、「こういうふうに引用しますよ」って見せてくれるチャンスはいくらでもあったではないか、ということを最後にチクチクと書いているわけ。いろいろ事情はあるんでしょうけど、結果的にはね。

和田　確かに僕も「二要因モデル」を基本的に誤解していたところはあると思いますよ。

市川　何を内発と見ているかということとかですね。

和田　そうです。だからそれは共著にしながら理解をしてなかったという僕の理解力の問題なんだと思うけれど、ただ共著者でも勘違いするくらいですから、読者の中にも誤解している人がいるかもしれないとも思うんですよ。

市川　まあ、こういうことは起きうるし、絶対起きないようにというよりは、起きた時にどうするかという、こういうチャンスが与えられているということのほうが大きいですかね。

今回、僕が書いた原稿に関して、和田さんとも対談の機会が持てたということで、まあいいかと。僕としては、和田さんの『パワーアップ編』が売れると同時に、一緒にセットになってこっちの本が売れるとありがたいなと思っていますから（笑）。結局、本を出した人が何らかの誤解を受けて批判されるという目にあうのは、ある意味ではしかたがないことかもしれない。ただ逆に、その引用が何かおかしかった時に、「おかしな引用をした」ということでクレームがついたものがまた世に出るということも、これは当然ありますよね。

和田　それはそうだと思います。

市川　片方が言いっ放しでは不公平ですけども、どっちも公の活字となって出ているのだから。これで和田さんのほうばっかり売れて、僕のほうが売れないと悔しいけど（笑）、それはしかたがない。チャンスは平等にあったということで、いいのかなと思います。

和田　こういう機会を持てたのは非常に僕もうれしいし、動機づけ理論に関してはずいぶん知識が整理されたと思います。ありがとうございました。

第3章 苅谷剛彦氏との討論

東京大学の教育学研究科の教授で、私の同僚でもある苅谷剛彦さんの論文に「『中流崩壊』に手を貸す教育改革」というものがあります。これはもともと『中央公論』の二〇〇〇年七月号に掲載された論文です。その後、「中公新書ラクレ」というシリーズの『論争・中流崩壊』中にも収められています（以下での引用ページは、元となった『中央公論』のほうです）。

今回なぜこれを取り上げるかといいますと、これは一種の教育改革批判なんですが、その中で教育心理学の提供する動機づけ理論が批判されている部分があるからです。もっと正確に言うと、教育心理学がずばりと批判されているというわけではなくて、俗流に解釈された教育心理学のモデルが批判されているのです。そこでは、内発的動機づけに基づく「強い個人のモデル」という言い方をされています。しかし、その基盤を提供しているのがやはり教育心理学であるということですから、やはり教育心理学としても考えなくてはいけない問題を突きつけられたと理解しています。

本章ではまず、この論文を読んでいない読者のために、私のほうでそのポイントを要約します。その上で、教育心理学の立場からの釈明や反論をしたいと考えています。同時に、これまでの教育心理学の問題点としてあらためて考えさせられたことも述べます。最後には、苅谷さんとの対談を通じて、理解を深めていきたいと思います。

1　苅谷論文は何を主張しているのか

「結果の平等」ということの意味

この論文で苅谷さんがどういうことを言っているか、というのをまず要約しておきたいと思います。私がどういうふうに理解したかということのまとめにもなりますし、読者の方にとっても内容をある程度知っておいてほしいからです。

まずはじめのページに、「『二十一世紀日本の構想』懇談会」の報告書が引用されています。その報告書では、「日本社会が『結果の平等』から『機会の平等』に転換しなくてはいけない」ということが語られている。しかし、ここで言う**結果の平等**という言葉が、もともとアメリカで言われた時の意味と全然違うのではないか、ということを苅谷さんは指摘しています。

日本での「結果の平等」というのは、競争して、その結果に基づいて何らかの富の分配がある。その時にみんながだいたい等しくなるように分配しないといけないというような、ヨコ並び意識というのが非常に強いわけです。それが「結果の平等」と言われてきた。しかし、それをあまり強調するがために、個性とか創造性ということが無視されてしまったというのが同懇談会の論調です。確かに日本では、「出る杭」は打たれるという風潮があります。

ところがアメリカでももともと「結果の平等」ということが言われた時には、意味合いがまったく違っていたんだと。たとえば、法律的な意味ではみんな平等になった。だから同じように機会が平等になったように見える。ところが実際には、それぞれの社会階層が引き継いでいる「負の遺産」のようなものがある。低所得者層の人たちは、何世代もずっと恵まれない環境にいたわけです。形の上で同じスタートラインに立っているからといって、実際に競争になれば、負っているハンディが全然違うので不公平である。背負っているものも含めて実質的に同じスタートラインに立つことを指して、「結果の平等」と呼んだのだということです。

私（市川）なりの言葉でもう一度言ってみます。ここにスタートラインがあるとして、みんな一律に並んでいる。そして競争が始まるわけですね。すると、早い人もいれば、遅い人もいる。しかし、みんなそれぞれがんばったのに、早い人だけ優遇したりするのは平等ではないということで、あまり個々人の成績とか業績とかいうことに配慮したような富の分配をしない。あるいはもっと極端な場合だと、だれが早かったか、だれが遅かったかということもあまり見えないようにしてしまおう。これが日本流の「結果の平等」です。つまり、ゴールでの差とかその差をもとにした富の分配を指して、ここを平等にしようということで「結果の平等」ということを言っていた。そして、これが悪平等だったのではないかという見直しが起こっているというのが日本での話です。

ところがアメリカの場合ですと、そもそもスタートラインの時点で背負っているハンディが違うことを問題にしていた。それまでの環境がまったく違う人たちに、「さあ、これで自由に皆さん、競争してください」と言っても、ぜんぜん平等じゃないという話が出る。本当の意味での対等なスタートになるようにということで「結果の平等」が言われたわけです。スタートの条件が対等ならば、ゴールでの違いは甘んじて受けなくてはならない。そこは、日本と意味がまったく違うということになります。

日本のような議論をしていると何がまずいかと言いますと、これが苅谷さんの一つの論点ですが、形式的な意味での平等さえ達成すれば、もうそれであとは個々人の問題ではないかという話にいきなりなってしまって、スタートラインでのハンディのようなものが目に見えなくなる。しかもアメリカの場合ですと、グループ間の違い、不公平が大きな問題なのです。たとえば人種によってある種のハンディの背負い方がある。本来でしたら、どの人種であっても、知能や学力にそんなに違いがあるはずはない。ところが、集計してみると、ある人種が非常に悪い結果になっているということになれば、何らかの社会的な不平等というものがそこにあるのではないか、ということを問題にしなくてはいけない。

日本では人種による違いということがあまり問題にされない社会でしたから、集団としての不平等のようなことがどうも見えなくなってしまうということですね。そこで結局、「ゴールでの差があるのに一律に扱うのは悪平等だ」という話ばかりになってしまって、「機会が平等に与えられれば、もうこれで平等なのだ」という考え方に陥ってしまう。しかも、そこに加担してきたのが、個々の人間が負っているハンディなどないかのごとく扱う「強い個人」のモデルではないかということで、話が展開していきます。

教育改革の基礎にある俗流・教育心理学のモデル

苅谷論文には、「教育改革における疑わしき個人モデル」という言葉が出てきますが、これはもともと金子勝さんの表現だそうです。経済学においても利益を合理的に見通すことのできる「合理的経済人」というモデルがある。十分な能力を持っていて自己責任も取れる存在なのだということですね。教育改革においては、「自ら学び、自ら考える個人」が目指され、主体性や自律性が重視される。そういう**強い個人**というのがモデルとして描かれているというのです。

最近の教育界では、何のためになるのかわからないような知識を詰め込むのではなくて、生活との関連を重視したり、自ら関心のあるテーマを追究したり、子どもにとっても意義が見えやすいような教育をするということが強調されています。ここを苅谷さんはむしろ批判していくわけです。「私の見るところ」と言うのですが、「この人間モデルの基盤を提供しているのは、心理学、より正確にいえば教育心理学である。（中略）自らの興味・関心に従い、自己実現をめざす、意欲あふれる個人、『自ら学び、自ら考える』個人――『内発的な動機づけ』にしたがった、自己啓発的な人間のモデルが、理想の教育がつくり出す『強い個人』である」（p．一五五）。こういう人間観を教育心理学が提供していると指摘します。

しかもそれが世俗に流通し単純化して理解されると、いろいろな問題が出てきてしまうのではないか、というのが、苅谷さんの最も言いたいところだと思います。一五五ページの終わりから一五六ページにかけて出ているんですが、まず学習、学ぶということの意味です。子どもが今どんどん学習に対して意欲がなくなってしまっていますから、あらためて「何のために勉強するのか」とか「この知識は何の役に立つのか」というような問いが頻繁に登場するようになった。しかし、これは非常に「哲学的な」問いであって、そんなにすぐに答えが出るものではないはずだ。ところが、俗流の教育心理学の学習モデルに立ってしまうと、何とかそれを解消しようとする。表面的な意味でのおもしろさ、楽しさ、そしてすぐに役に立つ、ということで子どもを満足させて学習してもらおうというふうにもっていこうとしたがる。

内発的動機づけ理論に立つと、「子どもはみんな学びたがっている」というような言い方がよくされます。すると、もともと子どもはみんな意欲的なんだから、そういう意味ではみんな同

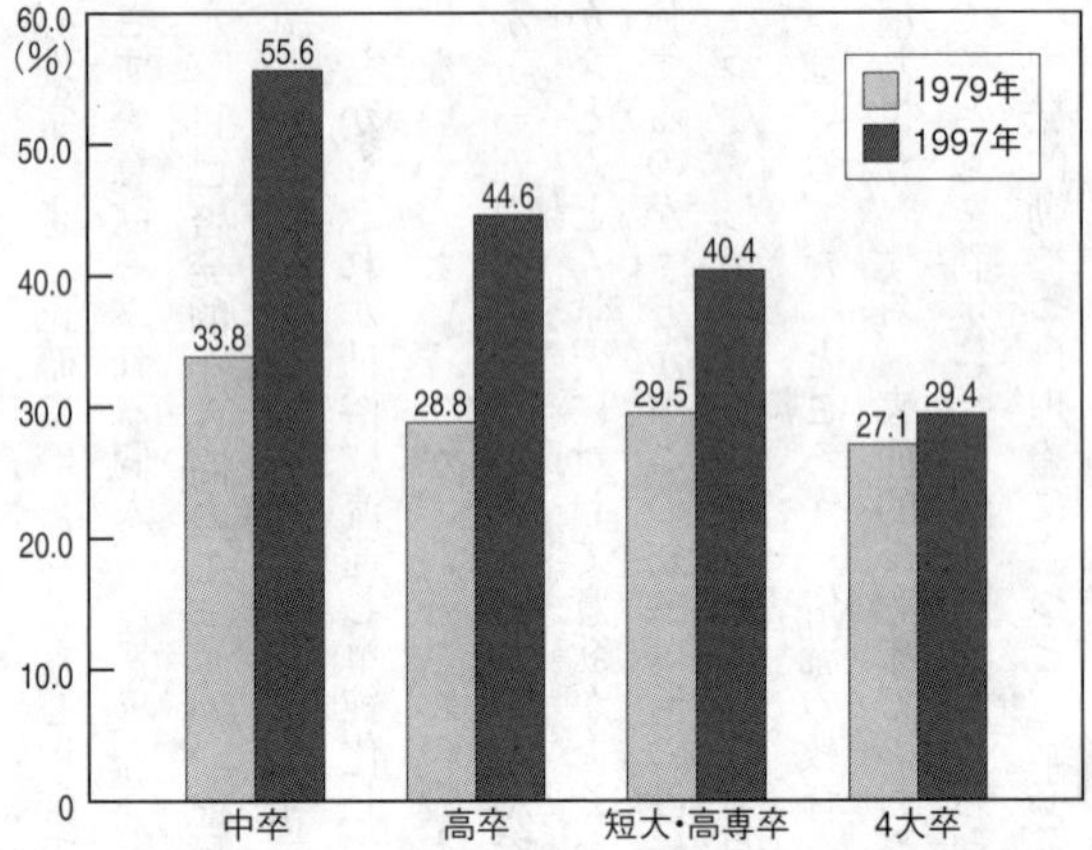

図3－1　落第しない程度の成績をとっていればいいと思う（母学歴・年度別）

じではないかと考えられてしまう。ところが実は、どれくらい意欲的かということも、子どもの置かれた社会環境によっているはずだ。ここで苅谷さんが直接取り上げるのは社会階層です。たとえば親の学歴差ということによって、子どもの学習意欲が非常に規定されているにもかかわらず、「子どもはみんな学びたがっている」という言い方をしたとたん、そういう環境要因が見えなくなってしまうのではないかということです。

「俗流・教育心理学の学習モデルは、あくまでも個人のモデルであり、せいぜいが教師‐生徒関係といったミクロな社会関係までにしか目を向けない。個人をとりまくより大きな社会構造の変化や社会関係によって、人々がいかなる制約を受けているかといった側面への関心は希薄とならざるを得ない。優れた教師なら、どの生徒の意欲や関心

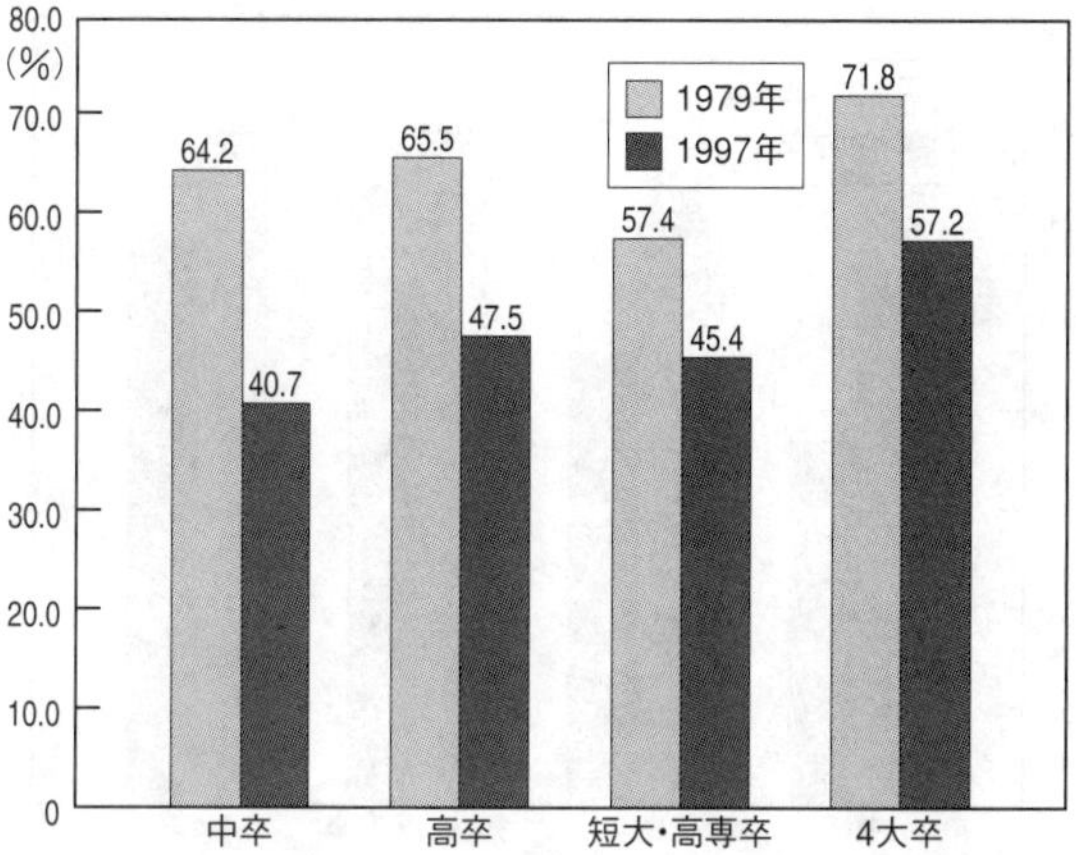

図３－２　先生や親の期待にこたえるために、勉強しなければと思う（母学歴・年度別）

も高められるはずだ、といった教育学的理想主義も手伝って、人々をとりまく環境の制約や社会の変化には目が向かなくなるのである」（p・一五六）ということになります。

階層差が学習に及ぼす影響

そこで実際に社会からどんな影響を受けているのかということで、苅谷さんが出してくるデータがいくつかあります。これは大変重要なデータだと私も思っています。ここでは、まず学習の意欲を扱った質問を取り上げています。たとえば図３-１ですけれども、「落第しない程度の成績をとっていればいいと思う」という質問への回答です。「勉強なんていうのは落第しない程度でかまわない」という意味です。ですから、これに「はい」と答えることは、あまり意欲が高くない、勉

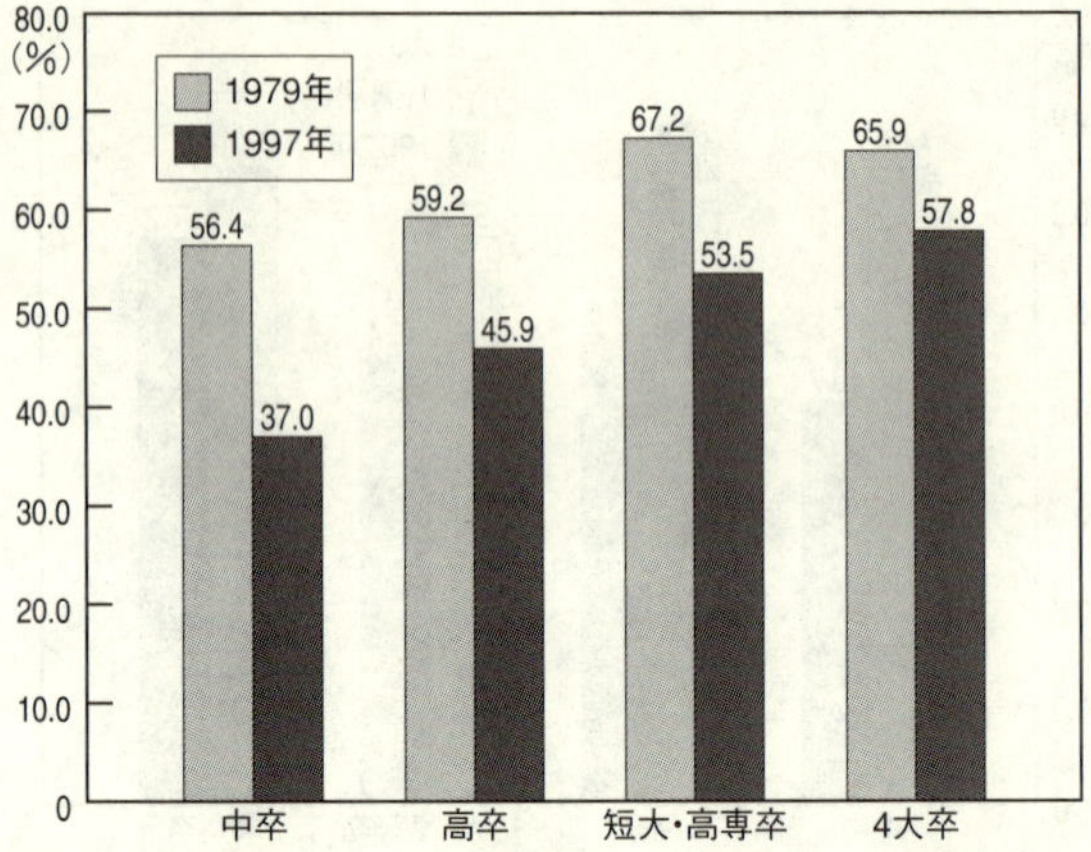

図３－３　授業がきっかけとなって、さらに詳しいことを知りたくなることがある（母学歴・年度別）

強はそこそこでいいということになります。このグラフでは、縦軸は「はい」と答えた人の比率です。横軸は母親の学歴別にとっています。そして一九七九年の結果がグレーのほうで、一九九七年が黒いほうです。同じ高校で十八年後にもう一度調べてみたということです。すると、七九年に比べて九七年では全体的に高くなっている。しかも母親の学歴による違いというのがよりくっきり出ています。この回答を見る限り、全体として、どうも勉強に対してあまり意欲的ではなくなってきているという傾向があって、しかもその傾向は、母親の学歴が低い家庭の子どものほうが著しいということです。母親が四大卒ですと、昔とそれほど変わりません。

　次に図3-2ですけれども、「先生や親の期待にこたえるために、勉強しなければと思う」という

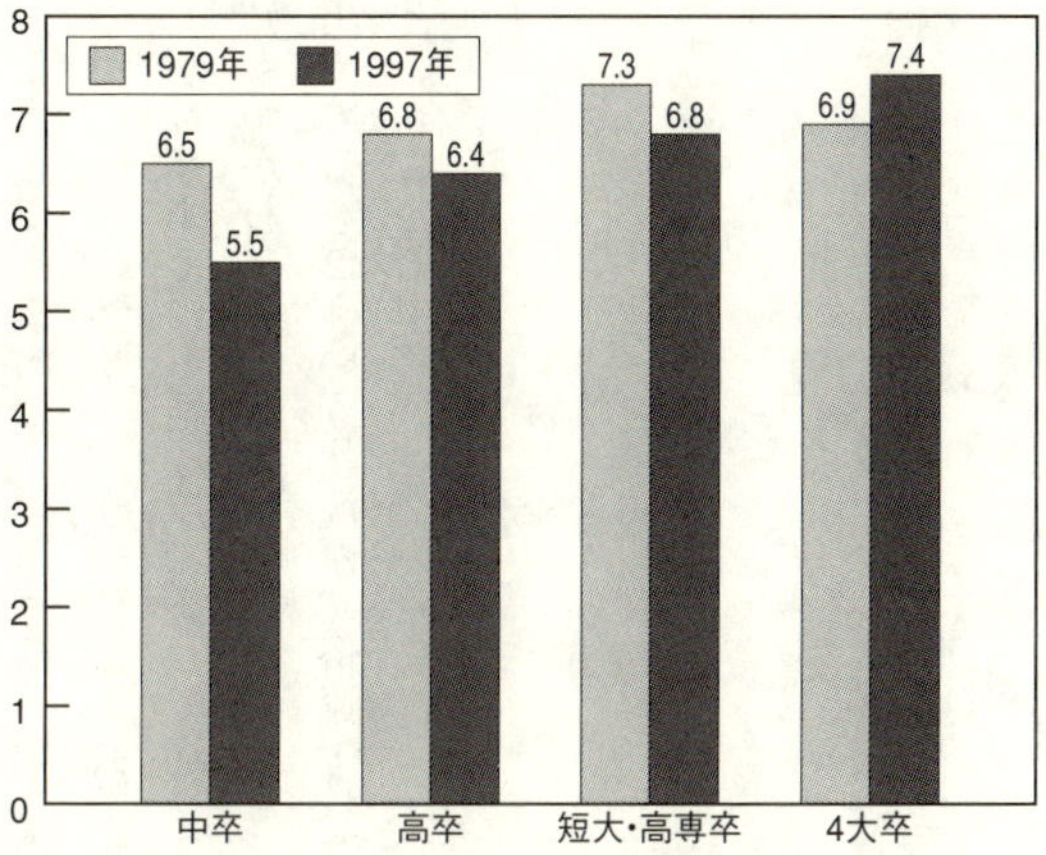

図3－4　中学時代の成績（9段階の自己評価の平均、母学歴・年度別）

質問です。つまり「期待にこたえてしっかり勉強しようと思う」ということですね。これは、「はい」と答えるほうが学習意欲が高いことになります。十八年前に比べて全体的に落ちていますね。勉強しなければ、とあまり思わなくなっている。これも母親の学歴の差が若干見られます。図3－3は、「授業がきっかけとなって、さらに詳しいことを知りたくなることがある」。先生としてはそう願っているわけですね。さらにもっと自分で自発的に勉強したいと思ってほしい。しかし、これも十八年前に比べて落ちていますね。母親の学歴の差が、よりくっきり出ています。図3－4は、ずばり成績の自己評定です。中学時代の成績を、九段階評価の自分でつけたものです。これは落ちているかどうかということよりも、母親の学歴差がやはりくっきりと出るようになったというのがポイントです。

こうしてみますと、学習意欲そのものがだいぶ下がっているし、しかもその下がり方というのが、母親の学歴という一種の社会階層の影響を強く受けるようになっている。やる気そのものがもうすでに家庭環境によって違ってしまっている。非常に内面的な、心理的なものであるにもかかわらず、本人にはいかんともしがたい環境に左右されている。当然、学力にも違いが出てくる。こういう状況が、俗流・教育心理学のモデルでは見えなくなってしまうではないかということです。

2 教育心理学からの釈明と反論

「俗流」と「正統」の違いを示すこと

この論文が指摘していることは、私は非常に重要な問題だと思います。しかし、教育心理学、あるいは「俗流・教育心理学」が、社会的に見て好ましくない人間観をもたらしているという批判論文でもあると思いますので、教育心理学としてはどんなふうに考えているのかということをやはり言わなくてはいけないと感じていました。苅谷論文について、教育心理学はどういうふうに答えるのかということを検討していくことによって、本書のテーマである学習意欲について、読者の理解もいっそう深まるのではないかと思っています。

まず、この論文に対する教育心理学者としての大きな不満なんですけれども、「俗流・教育心理学で考えると、こういう考え方に陥ってしまう」とか、「こんな点が見過ごされてしまう」ということがたくさん出てきます。しかし、「正統な教育心理学はこういうものであって、こういうふうに考えなくてはいけない」、あるいは「こういうふうに使わなくてはいけない」という話は出てこないんですね。すると、読者のほうとしては、結局、俗流・教育心理学と教育心理学の区別がつかないまま、なんとなく教育心理学という学問が諸悪の根源になっているような印象をもってしまうのではないでしょうか。しかも、「疑わしき個人モデル」の「基盤を提供しているのは、あくまでも教育心理学」と言うわけですから、学術的な教育心理学がそもそもまずいのか、学術的な教育心理学はまずくないけれども俗流の教育心理学がまずいのか、あるいは、伝え方までも含めて教育心理学者がきちっと責任をもたないからまずいのか、そのあたりを苅谷さんにも直接うかがいたいと思います。

しかし、ここではまず私のほうから、教育心理学者としての、「俗流・教育心理学はこうだと書いてあるけれども、学術的な教育心理学はこうですよ」という注釈は加えておいたほうがいいのではないかと思います。

心理学こそ環境の影響を見ている

まず一番重要なことを取り上げましょう。先ほども引用したように、要するに社会学は社会階層的な影響をデータとして出して、学習意欲に対しても大きな違いが出てくるんだということを示しています。しかし、心理学のほうでは環境の制約とか社会の変化というものを見ていないかというと、そんなことはないと思います。社会階層とか時代による変化という大きな捉え方は、確かに心理学からはあまり出てこないことが多いものです。しかし、環境の制約というのは、要するに**生育歴**です。生まれてからの環境、特に他者との関係です。親の影響、先生の影響、あるいは友だちの影響などによって、どんなことに意欲をもつか、どれくらい意欲をもつかということについては、むしろ心理学が大きなテーマとしてきたことです。極端に言ってしまえば、「心理学の中で、社会的な環境の影響を考えない動機づけの理論というのはない」と言えます。しかし、心理学の中でもいろいろな立場があります。ですから「教育心理学」とひとことで言ってしまうことはけっしてできない、ということも読者の方には承知しておいていただきたいと思います。

まず第1章でもお話ししましたけれども、行動主義的な外発的動機づけを重視する考え方というのがあります。これはもう明らかに、子どもの頃から、どんなことをすればよい結果をもたらすのか、ということとの積み重ねによって、その子の意欲のもち方とか、あるいは価値観が形成されていくと考えます。教育心理学の中で伝統的なこの立場は、はっきりと「環境依存」なんですね。何をやりたがるかということは、まさに生まれてからの環境によってほぼコントロールされてしまう、という環境主義的な考え方をとります。それは一つの大きな柱として教育心理学にあるものです。

それに対して、内発的な動機づけを重視する考え方は、確かに基本的には、人間は生まれながらにして知的好奇心とか向上心をもっているという考え方をとります。ところが、では、環境の影響はないかというと、この立場では逆に、そういう向上心や知的好奇心といった内発的動機づけが環境によっていかに阻害されてしまうか、という見方で環境の影響を捉えることになります。つまり、もともとやる気があるのに、親や先生が非常に統制的に振る舞ってしまうと、子どもは自分の意志でやっていると思っていたことまで、それは「親から言われるからやるんだ」となって意欲を失ってしまう。あるいは何か報酬を伴わせると、「その報酬のためにやるんだ」というふうに認知してしまう。すると、せっかくの内発的な動機づけが損なわれてしまう。これが第1章でお話しした「内発的動機づけの減退効果」です。

内発論者の主張の理解

ここで苅谷さんが批判的に捉えている内発的動機づけを非常に重視する立場の人として、第1章でも紹介したデシという人がいます。この人の『人を伸ばす力』(誠信書房)という本は日本で翻訳も出ていますし、一九七〇年代から今日に至るまで内発的動機づけ論者としてアメリカで非常に有名な人です。子どもたちが自律的に、あるいは自己統制的に学ぶということをたいへん重視した立場です。自己決定とか自己責任ということも言っていますから、苅谷さんの批判する対象に最も近くて、しかも正統的な教育心理学者といえるでしょう。ですから、彼の立場を理解した上で、「俗流」と対比させておくことは意味があると思われます。

彼の考え方では、基本的に子どもは自律的になろうとしている存在だ、それをいかに支援するかというのが教育で一番大切なことだということになります。それに対して、「子どもというのは自己統制がなかなかできないのだから、大人のほうがいろいろ指示を出したり、あるいは賞罰を与えたりして統制していかなくてはいけない」ということを、大人はすぐ考えたがる。すると、悪循環になってしまうわけですね。大人が統制的に振る舞うから、子どもは自分で決めようとしなくなる。

それに順応してしまうと、むしろ「大人に決めてほしい」ということまで言うようになります。自ら進んで自己決定しない。人に決めてもらうことを望むようになる。それは、自分で責任を取らなくてもいいので、楽な状態と言えるかもしれませんね。人に決めてもらうので、失敗した時の責任というのは自分にはかかってこないという、ある意味では楽な状態に順応してしまう。すると、自分で決定する力がつかないですから、ますます大人はあれこれと指示を出すという悪循環になる。

このようなデシの立場が必ずしも教育心理学の全体の立場というわけではないですけれども、世の中では今非常に受けがいい。こういう考え方が受けがいいというところにこそ、苅谷さんも一抹の不安を感じているのではないかと思います。ただ、デシとしても、大人が子どもにまったく働きかけをしない、あるいは指示をしない、統制しないのがいいのかというと、けっしてそんなことを言っているわけではないのです。やはり子どもが社会化されていくという中で、大人が社会での価値というものを子どもに働きかけて内在化させたいと思っているわけですね。その時にどういうやり方をとるか。大人が統制的に振る舞うか、あるいは子どもが自律的にやろうとすることを促すか、ここで大きな違いが出てくるだろうというわけです。特に教育場面ではここが大切です。

第1章でも少し紹介しましたけれども、はじめは人に言われてしかたなしにやっているという外発的な状態から、内発に移行していくということがあるわけです。このモデルを提供しているのもデシ自身だったことを思い起こしてください。その時に一つの取り入れ方というのは、大人が単に子どもに命令して、子どものほうも「叱られるのが怖いから」とか「みんながそうしているから」という理由でそのまま行動を取り入れるというやり方が一つあります。これを「注入」の状態と言いました。しかし、「統合化」という取り入れ方もある。要するになぜそれをすることが必要なのかということを、本人なりに納得して行動するという場合もあります。その時には、おもしろくて好きでやっていることではないけれども、自分なりにその行動をとることの意義はわかっているわけです。

ここでデシが例にあげているのは、家のゴミを子どもにゴミ捨て場に持っていかせるという話です。最初から、自ら進んで家のゴミを運ぶということを、好きでやりたがる子はそういません。ある親は「ゴミをさっさと持っていきなさい」と命令する。子どもが渋ると、げんこつでもくれて、「親の言うことはきちっと聞くんだ」と言って持っていかせる。仮に行くようになっても、これはまさに注入ですね。やりたくはないことを、子どもはしぶしぶやっている。

それに対して、親のほうが、それが大切なことで、親としてもそうしてほしいということを説明して納得させるというやり方をとることもできます。「お母さんもお父さんもいろいろな仕事がある。あなたも家族の一員だし、ゴミというのはあなたも出したもの、小さい時だったら、まだそれを運べないかもしれないけれども、だんだん大きくなって力もついてきた。それなりに家族の一員としてできることをやってほしいんだけれども」。こう言われると、「うん、確かにそれは大切なことなのかもしれないな」と子どもでもうすうす思うでしょう。そのうちに、誇りにまでなるかどうかはわかりませんが、言われなくても自ら進んで、これは家族の仕事として大事なことだと思ってやるようになる。これは自分の価値観の中に、ゴミ捨てという行動を統合化したことになりますね。どちらのほうが子どもの自律性、要するにいかに自分の行動を自分の意志でやっていくことを促すか、というのは明らかだと思うんです。

ミクロな視点が教育的介入に結びつく

この論文で苅谷さんが指摘している「ミクロ」「マクロ」という視点ですが、確かに教育心理学では、親とのやりとりとか、教師‐生徒関係とか、ミクロな問題を扱います。今のデシのあげている例も、親と子どもという非常にミクロなものですよね。ところがそういう研究は、社会階層の差が出てくるとかいうマクロな話に結びつかないかというと、私はむしろ車の両輪だと思っているんです。逆に、マクロな視点だけから見ていった時に、なぜそういう社会階層による差が出てくるのかということについて、十分な説明が得られない。

説明が得られないということは、さらにどういう働きかけをしたらいいか、教育心理学の言葉では**教育的介入**と言いますけれども、それが見えてこないということにもなります。たとえば、中卒、高卒、短大・高専卒、四大卒、こういう母親の学歴が子どもの意欲や成績に影響している、という結果が出ています。では、この差はなぜ出てきたんだろうか。それは、苅谷さんはここでは分析していないですね。ほかで分析しているのかもしれませんが、少なくともこの論文には結果が出ていません。すると、これを見た人たちは、まずどう思うだろうか。「ああ、親が中卒じゃだめなんだな」と思うかもしれません。しかも、中卒の親をいきなり大卒にすることはできないわけですから、その子は絶望的なのかと思ってしまうかもしれない。あるいは、人によっては「ああ、これは親の収入が違うからだな」と思うかもしれません。要するに親が大卒の家庭は平均的な収入も高いだろう。だから、教材を買い与えたり、家庭教師をつけたり、塾に行かせたり、習い事をさせたり、そういう教育投資額がこういう結果を生んでいるのかなと考えるかもしれません。

しかし、心理学的なミクロな視点から見た時に、もっと違う可能性も見えてくると思うのです。たとえば、先ほどのデシの例にもあるような、親とのコミュニケーションのあり方という文化的環境の影響です。かつてアメリカでは、低所得者層の子どもたちにも文字とか数とか基本的なリテラシーを身につけさせようと思って、**ヘッド・スタート計画**というのが実施されたことがあります。就学前の子どもたちに対して、「セサミストリート」のようなテレビ番組を作ったりしたのです。そういういろいろな方法でアプローチしたけれども、どうもその効果が思ったように現れなかった。そこでむしろミクロに見て、「低所得者層の子どもたちの家庭では、どんなコミュニケーションが行われているんだろうか」ということが観察されたわけです。

すると、低所得者層の子どもの家庭では、概して子どもの数が多い。親はいちいちていねいな説明などする習慣も時間もなくて、つい子どもに短い命令だけを与えて、それで子どもに言うことをきかせようとするという傾向があります。中産階級の家庭では、母親が「なぜこういうことをしなくてはいけないのか」ということを、子どもにていねいに説明する。子どものほうからも疑問とか主張があれば聞いてやる。またそういう時のやりとりでは、使われる会話の形式も複文を使った「私はこれこれの理由で、こういうことはしなくていいんじゃないかと思う」という言い方をすることが奨励されますよね。親もそういう手本を示すし、子どももそういう言い方をすることが促される。

普段のコミュニケーションがそれだけ違っていると、学校に行ってからの学力とも相当関係してくるのではないかと考えられます。これは、狭い意味での教育投資というのとはだいぶ違います。単に教材を買ってあげるとか、塾に行かせるということではなくて、日常のコミュニケーションの中にそういう違いが潜んでいる。さらにもっと広げれば、家で親がどんな文化的な生活を営んでいるか。たとえば親が読書をする。すると、子どももそれにつられて本を読んだり、またその内容について家の中で会話をしたりするということが奨励される雰囲気になります。テレビを見る時も、親がニュースを見たり、教養番組を見たりして、それをまた両親で話題にしたりしていれば、子どものほうもそういう問題を考えたり論じ合ったりするのが大切なんだという価値観をもつようになります。これも長い目で見た時に、子どもに与える影響というのはたいへん大きいと思います。親の学歴の違いとか収入の違いというのは見かけ上で、実はそういう形で奥にある文化的環境が子どもの学習に影響している可能性がある。

これは家庭におけるミクロなやりとりですけれども、社会階層の背後に、そういうミクロなやりとりの影響があるのではないかということが見えてくる。これが「心理学的なミクロな考え方と、社会階層的なマクロなデータというのが車の両輪のようにしてあるのではないか」ということの意味です。ですから、「心理学ではこういう面が見えてこないのではないか」と言うのではなくて、まず心理学ではどういうミクロな見方があるのか、それがどう社会的な現象の理解に生かせるのかということをいっしょに考えていくという姿勢をもっていただけたらいいと思っています。

3 教育心理学の見直しをどうはかるか

学ぶことの意味への問いかけ

補足的なことになりますけれども、これは苅谷さんの論文を読んで、確かに教育心理学としても気をつけなくてはいけない、と思ったことがいくつかあります。それは教育心理学者が何か一つのスローガンを出して、それが社会、特に親や学校の先生に伝わる時には、一面だけが取り上げられて誇張されてしまうということです。それには非常に注意しないといけないということも、苅谷さんの論文を読んでからいろいろ考えるようになりました。

たとえば、「学ぶということの意味への性急な問いかけ」ということを苅谷さんは指摘しています。つまり、子どもにとっては確かにおもしろくて楽しくて、何の役に立つのかが見える。そういう学習というのが望ましい。ところが、これを表面的に捉えると、子どもに迎合した学習になってしまう可能性もあるという。要するにその場だけで一見、おもしろくて楽しい学習だけを求めてしまうということです。役に立つといっても、学習の中にはかなり積み重ねて、何年もしてから役に立つということも当然あります。ところが、すぐに役に立たないことはやっても意味がないと子どもが思ってしまうと、それはすごく限定された学習になってしまう。

それから最近、教育界でも「子どもの願い」とか「子どもの求めに応じて」とかいう言い方で、**児童中心的な教育**ということが言われます。これは教師主導の教育の対極として、昔からそれぞれの間を振り子のように右に行ったり、左に行ったりしている考え方です。今の日本では、教育改革の流れからいっても、この十数年、ゆとりや個性化、そして、「自ら学び、自ら考える力」ということで、児童中心主義の方向にかなり振り子が振れているところです。それが苅谷さんから見ると、非常に危うく見えるということだと思うんですね。学力低下論を唱える人たちは、苅谷さんにしても和田さんにしても、子どもたちにとって一見つまらない基礎的な学習でも、社会的圧力で習得させることにむしろ積極的意義を感じているようです。

私は、学習の意味を、目先のことだけにとらわれて考えるのではいけないということを、子ども自身に理解してほしいと思っています。今やっていることがどういう形で役に立つのかということについて、社会に出ている大人の人からもいろいろ話をしてもらう機会が学校でもあるといい。学校での勉強は、すぐに役に立つことばかりではないので、どうしてもテストや賞賛・叱責で外発的に動機づけるか、あるいは、内容や方法をおもしろくして内発的に動機づけるかの、二者択一的なところがありました。しかし、どちらも、長い目で見た時に勉強が何の役に立つか、ということはあまり見せてこなかったのではないでしょうか。

もちろん、すぐに役立つことを示す工夫も必要です。語学の学習でも、昔なら、実際に使う環境に入るのは学習を始めてからずっと後のことでした。今でしたら、コミュニケーションしながら学ぶということはすごくやりやすくなっています。外国人も昔よりはまわりにたくさんいるし、インターネットを使えば外国の子どもたちともやりとりできる。そういう環境をつくれば、今やっている勉強が実質的にこういうふうに生かせるんだ、ということが感じられるわけです。このような場を用意することは、やはり大事なことだと思うんですね。こういう学習環境については、あらためて第4章で触れましょう。

ただ、すぐに役立たせるだけでなくて、そのために、今自分が学んでいる勉強がもっと長い目で見た時にも大切なことなんだという学習観も子どもにはもってほしい。そのために、子どもにとっての学習の意義ということを、ここで苅谷さんが批判するような「性急な問いかけ」ではなく、じっくりと問うような姿勢というのを子どもにももってほしいと思います。これは、大人自身がそういう経験を示すことも必要でしょうし、自らも学び続ける姿勢を見せてほしいと思います。大人が、学校での勉強などムダだったと思っている限り、子どもたちはついてこないし、実際、本当に大人がムダだと思っているなら、子どもにやらせるべきではないのです。

「良い授業」のもたらす利益・不利益

それから、これも教育がらみの話題ですが、学校の先生が良かれと思ってやっている授業のしかたというのが、場合によっては、特定の子どもたちにとっては非常に不利益をもたらすこともあるということを考えさせられました。苅谷論文に直接書いてあるわけではないのですけれども、教育社会学の人たちは、ある特定の層にとってどういう不利益があるか、あるいはどういう利益をもたらすかということを、わりとマクロに考える姿勢があると思うんですね。

一方、これは心理学というよりは教育学、あるいは教科教育学でもそうだと思うのですけれども、教育者の追求したい理想的なモデルというのがあるわけです。たとえば数学であれば、すぐに答えを見てしまったりせずに、じっくり自分の頭で考える、さらに教室の中で話し合いながらみんなで考えを練り上げていく。これは数学の先生が理想にしている授業としてよく言われるわけですね。研究授業でもそういうのが良い授業だと言われることが多いと思います。

ところがそういう授業をやった時に、すべての子どもにとってそれが利益をもたらしているだろうか。たとえば実際にそういう授業で自分の頭でしっかり考えることができて、他の子どもたちが発言していることもよくわかり、「きょうの授業はたいへん充実していた」と思える子どもはどれくらいいるだろうか。それはここで苅谷さんの言う「強い個人」ではないかという気がします。つまり、それなりに予備知識というか、これまでやったことをきちっと把握していて、それを材料にしながら考えることができたり、友だちの言っていることを察知して、それに対して自分の意見を言ったりというやりとりができる子どもは、けっして多くないのではないか。

教科教育の専門家や学校の先生は、見学した授業の中で何人かの子どもたちがそういう活発なやりとりをしているのを見て、非常に良い授業だと評価するかもしれません。しかし、そこで、「自分で考える」といっても、なかなか考えが進まない。他の子どもたちのやりとりが、いったい何を言っているのかがよくわからないような子どもにとっては、たいへんつらい授業で、一時間の授業が終わった時に何が残っているだろうかと言えば、自分は十分参加できなかったという悔いのようなものになってしまうかもしれない。知識や技能が身についたわけでもない。もちろん教育的理想があるからこそ、教育という仕事にやり甲斐が出てくるんだと思うし、私自身もそういう授業を大学でやろうとしています。しかし、一人一人の学習者がどういうふうな理解状態とか、学習意欲とか、満足感をもってその授業を終えたかということが、ややもすると見過ごされてしまう。

教育社会学の場合だと、「一人一人の子どもが」という言い方よりも、たとえば「学力層」のような言い方になるのでしょう。その言い方を借りると、「低学力層の子どもたちにとって、きょうの授業はいったいどうだったのか」という視点を、教育者はもっと持つべきなのかもしれません。生徒からの授業評価というと、学校の先生は非常に抵抗があるみたいですから、子どもたちの感じたことや、授業への注文のようなことを取り出していく必要があると思います。「先生は僕たちの要望を聞いて、そういうふうな授業の組み立てを考えてくれた」となれば、授業でのやる気にもつながっていくでしょう。

では、どういう工夫がありうるかということになります。たとえば、一斉にクラスの中で自由に質問を出し合うということをいきなり始めたら、これは質問する機会は形式的には平等です。ところが実際にそこで手をあげて発言できる子どもというのは、非常に学力も高くて積極的な子どもに限られてしまう。「何か質問ありませんか」と教師が聞いても、なかなか手はあがりませんよね。あまり学力の高くない子どもが、ごく初歩的な質問だと思っているようなことはなかなか発言しにくい雰囲気になってしまっています。これはやはり形式的な平等にすぎない。

そうすると、小グループに分けて、「こういうことがわからない」という疑問があったら、その中でまず出してもらって、そこは教え合うことだってできます。四、五人くらいの小グループであれば、子どもにとっても相当言いやすいでしょう。基礎的なことはそこである程度わかってもらった上で、そこで解決できなかったことを一斉授業の中で取り上げるとか、さらに発展的な問題を考えるとか、そういう組み立てを工夫することはできます。授業でわからなかったことを一人一人からメモとして出してもらって、それを取り上げるという手もありますね。実際、そうした工夫をしている先生も少なからずいます。それぞれの学力層にとって、どのような形態の授業が参加しやすいものなのかという視点から、教育を考え直さなくてはいけないと、苅谷論文を読んでから、あらためて強く感じました。

「弱者の味方」と称する「強い個人のモデル」

もう一つ取り上げておきたいのは俗流・教育心理学が強い個人のモデルになっているということについてです。その基盤を元祖・教育心理学が提供しているという批判をされると、教育心理学者はかなり意外な感じをもつかもしれません。今の教育心理学の中で、たとえば内発的動機づけとか知的好奇心ということを重要視して、さらに自発的な興味を重視して**個性化**を唱える人たちは、もともとは「社会的に弱い者の味方になっている」という意識があったのではないかと思います。つまり、学力という一次元上に並べて、それが高い子たちを優遇するのではなくて、むしろ「みんなそれぞれ違うんだ。違うけれども、それぞれの良さがあるんだ」という立場なわけですね。ところが、苅谷さんに言わせると、「それぞれ違うけれども、みんな良さがあるではないか」と言ってしまったとたんに、「みんなに一律のことを課して、なんとか社会でもやっていけるだけの学力保障をしよう」という考えが薄れてしまう。「弱者の味方」と言っておきながら、実は弱者にとって不利益なことをしているのではないかと言いたいのではないかと思います。この**学力保障**ということは、新学習指導要領での教科内容の削減や総合的学習の実施を批判する側から、よく言われる言葉です。

「学力保障などと言わなくても大丈夫、みんななんとかやっていけるよ。だって、みんなそれぞれいいものをもっているんだから」という言い方をするということは、ある意味では「一人一人はけっこう強い存在なので、何も一律に一定の学力をつけさせなくても、社会の中では大丈夫なはずだ。それがもし大丈夫じゃないとすれば、それは本人が努力しなかったからだ」と言っていることになる。こういう言い方になってしまうと、一人一人を強いものだと見ていることになります。ここに至って、「弱者の味方」のはずが、「強い個人のモデル」に転化してしまうことになる。

教育心理学者は、何かのモデル的な存在を暗黙的に理想として、理論立てをするものです。内発的な意欲、個性、創造性、表現力などをいかんなく発揮している代表格は、音楽、美術、文学などの「芸術家」といえるでしょう。また、こういう人たちが教育について語ると、どうしても「押し付け」や「画一性」を批判するものです。実は、それぞれの分野の中では、基礎的なトレーニングがかなりあったのでしょうが、それらは好きでやっていたことですから、当然批判の対象にはなりません。むしろ学校で「主要教科」と言われているようなものを押し付けられてきたことへの不満が述べられるようです。「もっと、教育は自由で、自発性を尊重したものにならなければならない」という話になりがちです。

しかし、一方では、こうした主張は、成功を収めたごく一握りの「強い個人」から出てきたものであることにも注意が必要です。公教育としての学校では、はじめから個人の自由にまかせて選択肢を閉じてしまうのではなく、教科の学習を中心に、あまり良い言葉ではありませんが、「つぶしがきくような」学力を保障しなくてはならない。それが個人のためでもあり、社会のためでもあるということになります。「サッカー選手として身を立てるから」といって勉強を一切しない子どもたちが何十万人も出てきても、彼ら全員がサッカーで身を立てられるわけではないので、本人もいずれ困ることになるし、別の職につけるだけの資質さえ育っていなければ社会問題にもなるでしょう。

これまでの教育心理学は、半ば無条件に教科の学習に内発的に、自律的に取り組むことをよしとして研究してきたようです。それは確かに、学校、あるいは教師にとって大前提かもしれませんが、なぜそれが前提として正当化されるのかということの吟味は十分ではなかったような気がします。そこで、**学校知批判**が出て「学校の勉強は社会で役に立たない」と批判されると、急に逆向きの実用性重視に走ったり、あるいは、「個性化」ということで個々人の目標を是認することに走りがちです。

話が大きくなってしまいますが、教育心理学も、あらためて「教科の学習に動機づけることの、社会全体としての意義」を自覚的に考えるべき時期にきているようです。「学力保障」で言われている「学力」とはどういうものか、その社会的存在意義は何かということになります。このあたりも、社会学での議論があるならば、苅谷さんにぜひ聞いてみたいところです。

4 苅谷剛彦氏との対談

学習の環境とインセンティブの変化

市川　では、はじめに、こちらでまとめた「苅谷論文の主張」ということについて、強調点や補足などあったらお願いします。

苅谷　まず、先ほどの要約でもちろん書かれてはいるんですけれども、後の議論と関係するところで強調しておきたいのは、階層と学習意欲、あるいは「動機づけ」でもいいんですけれども、それらが関係があるということを言っているだけではなくて、その関係が強まったり変化したりするというところが、この論文で一番社会学的だと思っている部分なんですね。心理学でもミクロな文化的な環境の話は出てくる。しかしマクロに見て、単に関係があるだけではなくて、その関係自体がどうして変化するのか、階層の影響力が強まったりするのはなぜなのか、ということを強調しておいたほうがいいと思っています。

もちろん、どんどん「微分」していけば、最終的には一人対一人のミクロな関係が出てくるんだけど、そういうミクロな関係を生み出す上で、たとえば僕の論文で言えば、「教育改革の考え方がどういうふうに変わったのか」ということもあるわけです。

市川　はい、それはわかります。階層によって有利・不利が出てくるということは昔からそれなりにあったはずなんだけれども、それが昔はそれほど見えてなかったのがむしろだんだん拡大している。それは、僕が読み取ったのでは、たとえば勉強というものに対する社会的なプレッシャーが弱まってきたことによって、親の教育的価値志向みたいなことが、強く出るところと弱く出るところで差が出てきてしまうということですね。

苅谷　ええ、それが一つですね。つまり、外側の、ここで言うと外発的動機づけになるのかもしれないですけれども、「インセンティブ」という言葉も使われているから、インセンティブにしますけど、それが強まったか弱まったかという、まずは程度の問題。もう一つ僕が重要だと思っているのは、そのインセンティブの見えやすさ、見えにくさという問題なんです。たとえば教育の成果を評価する時、「漢字の書き取りを一生懸命やると、国語のテストでいい点が取れる」という形で国語の成績が評価される場合が一方ではある。他方で、総合的学習の時間のような場合は、「こういうことをやれば必ずこの点数が取れる」というゴールと手段との対応関係がそれほど明確ではないですね。

仮にその報酬自体は明確であったとしても、どうやったら同じ評価に到達できるのかという点で、評価のしかたが意欲を評価したり、活動への関わりを評価したり、成果自体も評価したりというように、いわゆる観点別になってくると、解釈の余地が広がるじゃないですか。その時にその解釈が上手な家庭と不得意な家庭と、その文化的な差異が出てくる。

市川　実際、そういうタイプの学習が増えてきてしまった、という感じですか。

苅谷　そう。そしてそれをなるべく一元的な点数以外の形で評価することのほうを強調する教育がこの十年ぐらいの間に相当広く浸透したということですね。

市川　確かに、たとえば国語といえば漢字の書き取りとか、算数といえば計算ということであれば、評価も明確だし、その評価を得るためには何をすればいいかということも非常にはっきりしていた。すると、やればやっただけの成果があがるということで、子どもたちも学習しやすい。でも、それだけではいけないんじゃないか、もっと教育って大事なことがあるんじゃないかっていうことが強まってきたんですよね。

苅谷　その時に、評価のところで、やはり漢字の評価はあるんだということを明確にして、言いかえれば、学習内容の理解とか定着もやっぱり大事なんだということをきちんと強調した上で、態度とか関心とか、理解度以外の評価が導入されたのであれば、ある程度はインセンティブも維持されたのかもしれない。ところが、そこが……。

市川　一方をすっかりやめてしまってね。

苅谷　やめたり、弱まったり。「もっと別のことのほうが大事なんだ」って言われた時に、そのメッセージの受け止め方が家庭の文化的な背景によって違う可能性がある。そういう活動の中で実際に何を獲得するのかということが、もしかすると、家庭の中で育ってきた時の一種の**レディネス**（readiness）みたいなもの、文化的な準備態勢によって違ってくる可能性がありますね。

「目に見えない教育方法」と社会階層

苅谷　イギリスの社会学者でバジル・バーンスティン（Basil Bernstein）という人がいるんだけど、彼は幼児教育の研究で、「目に見える教育方法」と「目に見えない教育方法」、ビジブル・ペダゴジーとインビジブル・ペダゴジーという言葉を使っていて、いわゆる「新学力観」的な流れとか、今の「生きる力」的な教育というのはインビジブルだって言うんですね。それはイギリスの文脈だと、明らかに新中産階級にとっては受け止められやすいし、しかも得意な分野だと。ところが、オールドミドルにとっては、けっして得意ではないし、ましてや、ワーキングクラスにとっては、不利になる。そういう議論なんです。社会学の研究では理論的にも実証的にもそういうことが言われているんですけれども、そういうこととも関係して、まず同じ学習をしても家庭の文化的背景によって何が得られるかという違いがあるだろうということですね。

市川　日本でも「見える学力と見えない学力」みたいな言葉がありますが、そこらへんと通ずるんでしょうね。じゃ、どうすればいいかというのは非常にむずかしいところだと思いますけど、苅谷さんの考え方だと、そういう見えやすい学力は、それはそれとしてきちっと評価するということを崩しちゃいけないということですかね。それは僕も賛成ですけど。

苅谷　もう一つは、僕たちの調査。今回取り上げていただいたデータは高校生対象の調査なんですよね。実際に小学校の段階はどうか、中学校の段階はどうか。本当はそれぞれの段階で見ていかないと、階層の影響というものが過去と比べて変化したって、いったいどこで変化が起きたのかはわからない。ただ、少なくとも高校二年生の調査でこれが出てきている、ということは、やはり高校二年生になるまでの段階で起きていたことにはなる。

その時に二つ可能性があって、一つは高校生の段階を含めて全体的な勉強の意欲そのものに家庭の影響が強まっているという、さっきのインセンティブの強弱のほうで説明できる見方。

もう一つは、そうじゃなくて、小学校か中学校の段階で変化が生じたとする見方。基礎学力をどう見るかというのは、定義はいろいろあるにしても、中学校、高校に入った時の系統学習を進めていく上でいわば準備として必要になる、知識や理解の定着度に問題があるんだという説明です。もしこうした定着度の階層差がこの十年間で拡大しているとすると、わからなかった子どもが中学、高校になって勉強の意欲をもち続けるのはむずかしくなる。だからそこの部分の崩れがあるとすると、高校二年生の段階でも意欲の格差が拡大する可能性があるわけです。

高校に入ってからの授業のやり方によって生まれた階層差なのか、それ以前のどこかの段階で生まれてきたものなのかというのは、残念ながら、今回のデータでは実証はできない。でも、その両方の可能性があると思っています。

市川　そのあたりは、社会学のほうで何らかのデータを引っ張ってきて検証していこうみたいな動きはあるんですか。

苅谷　ここで使ったデータでさえ、実はきわめて珍しいものです。教育社会学の分野でも変化を追いかけようという意識自体が弱かったし、もう一つは、日本の学校の中で、親の学歴だとか職業とか所得だとかを調査することが、現実問題として非常にむずかしい。

市川　そうだと思いますね。何かタブー視されていたみたいな。

苅谷　イギリスだってアメリカだって、そういうデータは必ず持っている。そういうところと比べると、学力の問題でも、全体として低下したかどうかということはもちろん問題なんだけど、それ以上に分散が大きくなっているかとか、あるいはだれの学力が低下しているのかというのはきわめて重要な問題だと思うんですよね。ところがもっとも基礎的なデータもなければ、そういう議論も改革案の審議過程ではまったくなかった。なかったから自分で主張し始めたんです。学力問題を論じる時にも、そういう議論は今まではほとんどなかったじゃないですか。

市川　以上の点はとにかく、あらためて苅谷さんが強調したいという点としてよくわかりました。

教育界の意識の時代的変化

苅谷　ミクロな問題に注目する場合、どちらかというと心理学もそうだけど、歴史性というものをあまり考えないじゃないですか。つまり、歴史的に変化するというよりは、時代を超えて変わらない人間の普遍性を前提に説明しようとする。文化差がある、階層差があるという研究にしても、それは今の時点のことで、歴史的にさかのぼってその変化を見るということは、心理学の文献を見ていると、あんまりないですよね。

市川　そうですね。歴史によって変化するという可能性はもちろん認めていて、何か一つのメカニズムを想定した上で、歴史が変わるとその条件が変わってくるから、こういうふうに変わってきたという説明は考えていると思うんですけれども、それを具体的な「あの歴史上のイベントがこう影響を及ぼして、だからこうなった」という説明を直接はしないですよね。

苅谷　そういう意味でさらに言うと、社会学のほうでは、さっきの話はどちらかというと、実態的な変化を中心に話しましたけど、もう一つは、言説（ディスコース）とかメンタリティとか社会意識みたいな、そういうものの変化も、この二十年ぐらいの間に教育の世界では大きいですよね。

市川　うん、そうですね。

苅谷　だからそういう流れを踏まえると、教育の世界で問題を捉える時に、同じような現象であっても問題の解釈に枠組みを与えるディスコースなり了解のしかたなりが、マクロに見ると大きく変化しているわけです。

もちろん解釈をした上で最終的には、個々の場面でミクロに子どもと親とか、教師と生徒との間とかで現象が起きていることは間違いない。だけど、同じ現象が起きているように見えても、外から見た時に、それをその当事者たちがどういう気持ちで、どういうふうにして解釈して行為をしているかというと、そこに正当性を与える言葉なり規範なりが、この二十年間で大きく変わった可能性がある。この点も一つ強調したい点ですね。

市川　それはたとえば、教育改革におけるスローガンみたいなもの。

苅谷　言説としては、そういう形で出てきますよね。もちろん昔から受験教育は批判されていたけれども、今よりは、まだ**詰め込み教育**ということに対するアレルギーのような批判は強くなかった。

市川　つまり、殺し文句になっちゃったと思うんです、詰め込み教育というのがね。

苅谷　そう。実態を捉えなくても、もうそれだけ言えば「一斉授業はいけない」みたいになる。

市川　ええ、僕も授業を見ていると気になることがあります。研究授業の後で検討会というのをやりますね。その時の殺し文句というのがその時代ごとにあって、最近ですと**教え込み**という言葉。「それは教え込みでしょう」。つまり、「先生の意図によって、これこれのことは教えたい、ということを先生の側から出していくというのは、それは教え込みじゃないですか」ということで否定されてしまう。言われたほうも返す言葉がないという感じですね。「きちっと教えて何がいけないんですか」というのは言いにくい雰囲気になってしまう、これはやはりまずいなと思いますよね。

苅谷　それと並んで「個性」とかね。

市川　さらにその延長で言うと、「子どもの思い」とか「子どもの願いはどうなっていますか」ということになる。

苅谷　そういう子どもを中心にした時の、しかも子ども本人の中の内面的な何ものか。僕は、いま**セルフの問題**が重要だと言っているんだけど、自分との向き合い方、自分が自分にどう向き合うかみたいなことにまで、社会の方向づけが強まっている。これは心理学的に分析できることでもあると同時に、個人が自分とどう向かい合うべきだということが、社会の規範の中に入り込んでいるから、それは社会学的な現象でもあるわけね。進路指導なんかの場面で出てくるのはそういう自己との向き合い方だし、自己の適性の発見のしかただったりするわけだけども、そういう点でも、社会意識として取り出すことのできる変化が、この二十年ぐらいの間にある。ある意味では**個性尊重**とか子ども中心ということが非常に強調されるようになった。

「個」への志向性が心理学に向かわせる

市川　苅谷さんとしては、何かそういう社会現象を見ていて、それから何か心理学のほうを見てみると、「あっ、こいつが裏づけやサポートになっているんだな」という感じがしてきたということなんですか。

苅谷　というか、教育学者の語る言葉の中には、明らかに心理学的な語り口が圧倒的に多いんですよ。なぜかと言うと、教育学者たちの志向性の中には、個人や子どもを中心にした教育ということが強まっている。社会的な使命とかよりも、「この子どもにとっての教育の意味」とか「この子どもにとっての楽しい授業」というように、いわば教育を語る時のフォーカスが変わってきたじゃないですか。教育改革の議論でもそうで、七〇年代まではもっとマクロな社会と経済の関係とかを言っていた。それが八〇年代半ばの臨教審以降、ミクロ化するわけです、個人という形で。

市川 個を見ていくという方向性ですね。

苅谷 そう。

市川 だいたい、**個に応じた教育**から始まって、**個別化・個性化**ということが言われて……。

苅谷 そうすると、そういうことを言うために、教育学者たちは何に依拠するか。個人を扱っている学問と言えば、まずは心理学です。個人を中心にした教育ということを考えた時に、教育心理学的な言説というのはすごく入り込みやすいですよ。

市川 それはわかりました。でも、おもしろいのは、心理学者のほうの意識はそうではなくて、「いかに心理学というのは教育に対して無力なんだろう」ということを、学界の中では実は長年言ってきている。「教育心理学はいかに教育に対して無力であったか。教育心理学はいかに不毛な学問であったか」ということで、ずうっと懺悔しているようなところがあるんですよ、ここ四十年ぐらい。ところが、教育心理学が、プラスマイナスを含めて、いろいろな形で教育に対する裏づけとか基盤とかを与えながら、実は多大な影響力をもってきたということがある。心理学者はそう言われると、喜んでいいのやら悲しんでいいのやらという、実はそんな感じですね。

苅谷　だからその場合に、教師のような教育の実践家なり、教師をサポートする教育学者たちが、どういう教育心理学的な言説に接するかという問題があるわけです。そういった時に、たとえば市川さんが今回の本の第１章で、学説史まで踏まえて「動機づけの心理学」というものをレビューされているんだけども、こういうものを丹念に読むかというと、おそらくあまり読まないのではないか。

市川　なるほど。

苅谷　今回の本も残念ながら、本当に読んでほしい人には、あまり読まれないんですよ（笑）。おそらく受け入れられやすいのは、もっと薄められた形で出てくる大学での教育心理学の授業だったり、教育雑誌に教育心理学者が一般向けの解説風に書いているような論説やエッセイだったり。心理学の人も「ちゃんと学説を踏まえて書く」ということと、「今の現実や実践に対応した形で書くとしたら、やはりこう書く」という書き分けをするじゃないですか。その書き分けをした時に、どちらかと言うと、現実のほうをサポートする形で知識を使おうという意欲が、教育現場をポジティブにサポートしようとするメディアでは多いと思うんです。

「心理学者」と「教育心理学者」の違い

苅谷　それともう一つ。僕は、心理学者と教育心理学者とは違うと思っているんです。やはり「教育」が付くということは、対象が教育になるだけじゃなくて、教育学的な望ましさの価値に関わるようになる。心理学者のもっと徹底した科学主義に比べると、教育心理学者のほうがやはりそういう価値に関わる視点は強いと思う。

市川　それはその通りだと思いますね。

苅谷　それが合わさった時に、教育雑誌のようなところで、たとえば今だったら、「総合的な学習をいかにサポートするか」という形で教育心理学の研究者が書くとすれば、それはやはりネガティブなことを書くよりは肯定するようなことを書く。理論を使っているにしても、実証研究を基盤に使っているにしても、そういう現場の人にわかりやすく、しかも元気づけるような書き方をするじゃないですか。だからそこの部分で、これは「俗流化」と言っていいのか、「実践に向けて近づいていった」と言っていいのかちょっとわかりませんけど、少なくとも教育言説に取り込まれるような形で、教育心理学者自身が書くものは、学会の出す学術雑誌とかに書くものとは違ってきますよね。

市川　はい、わかります。それはその通りで、教育心理学者のほうは、他の一般の心理学と違って、単に真理を追究すればいいというふうには思っていないんですよね。やはりどこかで望ましい教育を目指して、そのために教育心理学を役立てたいという気持ち、それなのにあんまり役立っていないという気持ちを実はずうっと抱き続けてきたところがあると思うんですよ。そういう教育心理学者が、「望ましい教育について、自分たちのやっている研究がこう生かせます」みたいな論調になりがち。それがたぶん、たとえば教育哲学のような人から見ると、「これは望ましい」と言っている望ましさがどれだけ吟味されているのかをもっと考えてほしいという不満がきっと出るでしょうし、教育社会学者から見ると、そこでそういう教育をサポートすることが、だれにとって有利になって、だれにとって不利になるのかということを、もうちょっと考えてからやりなさいと。どっちにしても、ちょっと素朴すぎるのではないかというふうにたぶん見えちゃうんだと思いますね。

苅谷　それはそう思いますね。その素朴さみたいなことを言い表すと、「俗流」ということになるんです。つまり、いろいろ希釈されたり、あるいは逆に誇張されたりする、実践向けに書かれたもの。教育心理学者が善意で、実践をサポートしようとしてヒントになるようにと思って、実践に近づけば近づくほど、ある意味ではさっき言ったような、ある価値前提をすでに含んでいる教育学的な言説の特徴が入り込みやすいわけだし、読者もそれを居心地よく読むわけですよ。実践家にしても教育学者にしても。

市川　そうですね。

苅谷　だから学術的な論文において書かれた教育心理学の言説や、学説史をきちんと踏まえた流れの中で出てきている学問的な位置づけとか価値みたいなもの、教育心理学者個人としては自分でもっていても、実践的な場面で発言しようと思った時に希釈されたり、ある場面だけが強調されたり、そういう片寄りが生み出される余地があると思うんですよね。しかも、実践家の間では、すでに教育学者を含めて、何かある方向を目指してやりたいと思っている。その方向自体が、個人を中心にしたり、子ども一人一人の意欲を中心にしている。もともとそういう方向性も一世代前の心理学からもってきているんだけど、それを世の中全体が望ましいというふうにしてサポートし、規範化した言説になっている。そういう言説に乗っかって教育心理学者が書けば、みんな揃ってだれも反対する人はいない。

市川　そうですね。そういう話というのは、僕も正直なところ、十年くらい前に、自分が心理学でかなり基礎的なことをやっていて、だんだん教育的なことに足を突っ込んできた時には、あまり深く考えていなかったんですよ。でも最近のように、文部省の委員会なんかで政策決定に関わるようになってくると、そこまで考えないといけないんじゃないかとね。何か理想を出して、「ほら、こんないい教育があるじゃないですか。それに向かって心理学はこんなふうに役立ちますよ」って言っているだけだと、非常に危なくて、むしろ心理学のほうから「ちょっとそれは違う」と待ったをかけないといけないんじゃないか。さっきの基礎的なことがいかに大切かみたいなところに、もっと待ったをかける部分がたくさんあったかなというふうに思いますね。

俗流に解釈された心理学が「正当化言説」に

苅谷　そうですよね。だから今回の本を読ませていただくと、この中で、「いや、ちゃんと家庭の文化的な問題というのは、心理学でもやっているじゃないか」と書かれていて、その通りだと思うんですが、それでは、これが日本の研究としてどれだけやられていて、日本の状況の中でどれだけ一般の教師に紹介されているかというと、残念ながら僕は見たことがないです。

つまり、学問として広げて見ていけば、必ずそういった成果はある。そういう研究があるというのは市川さんが、ここで書いていらっしゃる通りなんだけど、ただ、そういう学説史的な知見と、実際に一般の教師や教育学者を含めて読まれている部分とが実は違うわけです。僕はいわば一方で実態の分析をし、他方で、それぞれの時代にどのように教育の問題が解釈されたのかといった、言説研究みたいなこともやっている。社会学としてはそういう立場からすると、ある現象がどう解釈されているのかは、社会現象としても重要です。そういうところに目を向けざるをえない。その時に教育心理学に根っこを持っている「学習モデル」みたいなものは形としてはすごく捉えやすくて、いろいろな教育雑誌を見ていけば、どこから出てきたものかといったことは、けっこう簡単に見つかるわけです。

市川 苅谷さんが教育心理学の影響を詳しく書くとすると、そういう雑誌の論文をいっぱい引用した上で、「ほら、ここでこういうことが」ということになるわけですね。

苅谷 学習意欲の位置づけについて、ある図式が出てきた時に、どの教育心理学の理論がつながっているのか。そういった検証は少なくとも教育心理学の知識をちゃんと持っている専門家が見ていけば、「このモデルはだれだれのなんとかだ」「根っこはどこどこにある」というふうにたぶん言えるはずなんです。

新しい学力観の時の文部省の解説書を見たって、その時の考え方の中に、どれだけ教育心理学的な「学習モデル」が入っているかは、これも探していけば容易にピックアップできる。それぞれの審議会にどんな教育心理学者がいたかは知らないけれども、しかし、少なくとも教育心理学者の書いたものを読んで発言した人がいたことはたぶん間違いないし、文部省の担当の行政官の中にも、その影響を受けた人がいた可能性はありますよね。

市川　その頃から、文部省をはじめとして教育界で言われたことの中で、僕がとにかく一番不満で、本当にもっと言っておけば良かったって後悔しているのは、「これからの時代は、知識を獲得することよりも自分の頭で考えることが大切だ」ということがしきりに出された時です。「これからは、知識はコンピュータの中に入っているんだからいいではないか。人間は考えることがむしろ主要な役割になってくる」。

認知心理学から見たら、そんな変な話はないわけですよ。人間は知識をもとにして人の話を理解したり、新しいことを考えたりする。これは認知心理学者だったらまずそう言うはずなのに、その頃ああいう言説が完全にまかり通ってしまった。そこから知識軽視が始まって、「教え込みはよくない」が始まって、自分で考えろと言われる。そうすると、もう小学校ではとんでもない授業になるわけですね。単元の最初から、ほとんど予備知識もないまま、「さあ、皆さん、考えましょう」と。そうすると、とにかく共通の知識なしにただ考えを述べ合うだけの授業になって、力はほとんどつかない。しかも、生徒が間違えたことを言った時に正さない授業までだんだん見かけるようになってきて……。

苅谷　そう。その種の話はよく聞きますね。

市川　これはもうびっくりしますね。だれも後からの検討会でもそのことは問題にしないし、「間違いを指摘することが子どもの発言意欲を削いでしまいます」と言われたり。そのような状況を見ていると、「これはもう塾に行くしかなくなってしまうな」と思いますね。そういう時に心理学者がしかるべき発言をしてこなかったし、僕もその頃、行政に発言が届くような立場では全然なかったんです。

苅谷　だからたとえば今の例で、「新しい学力観」の解説書で言えば、そこには確かに「内発的な学習意欲こそ大事だ」と書いてあるんです。

市川　そうなんですね。

苅谷　文部省の「新しい学力観」の解説の中では、まずは「関心・意欲・態度」があって、次に「思考・判断」「技能・表現」「知識・理解」が来る。知識は四番目に来る。まずは関心をもたせることが大事だから、そのためには「活動」なんだとなるでしょう。そうすると、今市川さんが言ったことになる。その時、基礎を与えているのは内発的な学習意欲。これをどうやってかき立てるかというと、これもやはり「活動」を通してなんだと。

市川　当時、若手や中堅で動機づけや評価のことをやっている人たちは、しきりにそれを学会の中のシンポジウムなどで問題にはしていたんです。「これじゃやっぱりまずいよ」って。でも昔から心理学の人は、あんまり文部省の委員会とか審議会とか、そういうところに出ていって発言をすることをよしとしていないところがあるんです。アカデミズムと行政は切り離して考えている。ですから、そういうこともあって心理学はあんまり影響ないみたいなことを思っていたんだけど、実はそういうルートとは違って別のところで書いたものが利用されるという形で影響力は持っていた。最近はむしろ、しかるべき場で、そういう素朴な考え方に流されちゃまずいということは言わなくちゃと思って、僕もあえて出るようにはしているんですけれども、やはり「まっとうな学術的な心理学者はそういうところに出ていかないものだ」みたいな風潮は一方ではありますね。

苅谷　だから「俗流」っていう言葉に戻ると、そういう形で流布してしまった教育の見方というものが、厳密な意味でアカデミックな知見や理論とは違っていても、教育心理学的だと見なされて普及してしまうと、それらがまさにまるで科学的な根拠を得たかのような正当化言説になってしまうわけですよ。そこから先は別に心理学のどのモデルがもとにあったのかなんてだれも問わない。だけど、今の「内発的な学習意欲」だって、これ、どう見たって一般の言葉じゃなくて、心理学的なニュアンスをもっている言葉です。そこに科学性みたいものを想定したり、学問的な支えがあると見なされてしまうと、厳密に言えば、市川さんがこの本でレビューされているように、本当はもっと複雑なメカニズムがあるはずなのに、その学問的な知見が忘れられてしまうわけ。そうやってまさに正当化言説になるんですよね。

「学習の意味を問う」ことの意味

市川　ミクロとマクロの問題については、教育心理学側から釈明しましたよね。心理学も環境の影響をやはりミクロには捉えていて、それの累積としてマクロを解釈する時にも役に立つことがあるんではないかということです。

苅谷　確かに、具体的に起こっている場自体はミクロだから、そのメカニズムの解明は、残念ながら、マクロに目を向けている僕らには十分できないんですね。そこに意味を与えているその社会のノルムとか、正当化言説とかいうものや、実際にそこで階層とかジェンダーとかエスニシティとかそういう社会的に形成されるカテゴリーによって、実態としてどういう影響を受けているのか、この二つは少なくとも社会学が対象にできる。

市川　マクロでこういう現象が起きているんだとすると、それを受けて、いったいミクロでどういうしくみになっているかを探るべきだという方向づけを与えることになるでしょうね。

苅谷　ええ、ええ。

市川　それから、デシという人はわりと緻密な議論を展開していますけれども、確かに内発論者の言っていることは、一般には表面的に捉えられて、「要するにどうすればいいんですか」という問いとなって突きつけられることが多いと思うんですよ。

苅谷　そう。

市川　「要するに叱っちゃいけない、ということですね」とか「要するに子どもがやりたがっていることをやらせろ、ということなんですよね」みたいなことで、単純化されて受け取られちゃう。

苅谷　ええ。今ので思い出しましたけど、僕はこういうことが問題になってくる背景にあるのは、「性急な意味を問う問い」って最近言ってるんですが、非常にせっかちな意味づけを求めるということが、教育だけに限らず、今の日本の社会の中で非常に増えていると思っています。ドイツの社会学者でボルツ（N. Bolz）という人が、「意味に飢える社会」と言っているんだけど、社会の豊かさが保障されると、人々が、「いったい何々にどういう意味があるのか」と、その意味を互いにまるで飢えているかのように問い始める。そういう文化的な現象について指摘しているんですよ。

教育の世界で特にそれが起き出したのは、「新しい学力観」以来で、「子どもにとって……」ということで問いが立てられた。まさに目の前の一人一人の子どもにとってどういう意味があるのかという形で、ある面では性急な問いかけが増えた。そうすると、本当に「算数のこの問題を解けることが、いったいどんな意味があるんですか」といったことまで含めて、勉強の意味みたいなものを考えるような雰囲気が広がった。これは教室の場面でもそうだし、「そういうことに答えられない教師はダメ教師なんだ」みたいなことを明確に言う評論家や学者もいる。審議会レベルでもこの種の議論が出てくる。だけど、それこそまさに僕から見れば哲学的な問いで、知識をばらばらにしておいてそれぞれにどんな意味があるのかなんて、まずだれも簡単には答えられない。これはかなりむずかしい問題だと思います。

市川　僕は、そこで逆に、それだからこそ、その問い自体は大事だと思うんですよ。思春期以降になって、どこかで、自分がやっている学習にどういう意味があるのかって考えることは大事だし、その時にむしろ「心理学にもいろいろな考え方があるんだ」ということを提示することによって、「すごく狭い意味の実用志向に陥ってしまっては、かえってまずいのだ」という揺さぶりをかけることになると思ってるんです。

苅谷　市川さんのこの第1章のほうだったかな、動機づけの分類が出てきますよね。

市川　うん、「二要因モデル」ですね。だから「何の役に立つ」というのは、いちばん狭い意味では「実用志向」、あるいは「報酬志向」になっちゃうんだけれども、長い目で見た時の訓練的な意味、つまり教育学でいえば形式陶冶《とうや》的な意味もあるし、「自分の選択肢を広げていく」というようないろいろな意味があるのに、「何の役に立つのか」っていう自分の学習の意義をすごく狭い意味で捉えて、そこで文脈を形づくっちゃうと、それはかえってまずいと思うんです。

苅谷　今「思春期」っておっしゃったけど、思春期どころか、小学校一年生から勉強の意味を問うみたいなことをやってしまうわけですよ。だから学級崩壊なんかが起きた時に、「子どもたち一人一人に学ぶ意味をわからせることができない教師が悪いんだ」みたいな批判があった。だけどね、六歳の子どもが三十数人いて、その子どもたち一人一人に担任の先生が「この勉強の意味をわかるように」と言っても無理ですよ。

市川　もちろん、それは無理だと思います。ですから幼少の時には、むしろ内発的か外発的かではっきりしたものでやっているわけですよね。「これ、おもしろいからやっているんだよ」とか、あるいは「これやるとほめられるから」「友だちがみんなやっているから」とか「先生が好きだから」ということでやっている状態。そこをもう一度問い直すというのが思春期だと思っているんだけど、それが大切だからといって、小学生とか、極端に言うと三歳、四歳の子どもに、「君が学んでいるのは何のためか」、あるいは「君がきょう遊んだのはいったいどういう意味があるのか」なんて問い出したら、これはもう窒息しちゃいます。それに近いことが起きているということですか。

苅谷　起きていたんじゃないかと思いますね。

市川　心理学というのはむしろそういうことを問うようになった時期に、一つの材料として、「こんな考え方もあるんだ」ということを知ってもらうためのリソースだと、僕は思っているんです。

「転移」から見た学習の意義

苅谷　そのことでちょっとまた関連して一つ問題を提起させていただくと、たとえば最近の認知科学とかの研究で、昔、教育学で言われた**形式陶冶論**のような問題、つまり、何か学んだことが他の領域に転移するかどうかという問題について新しい知見が出てきているのですか。

市川　ええ、**転移**（transfer）は心理学の言葉ですね。学んだ内容そのものが役に立つというより、他の学習をする時にそれを促進するはたらきがあるという。

苅谷　今もちろんいろいろな研究で、条件が整えば、ある程度転移の可能性というのはあるし、特に知的な活動については、あるということがだんだんわかってきたということをどこかで読んだことがあります。それはどうなんですか。

市川　うーん、しかし、転移が起こるのはかなりむずかしいということはあるんですよね。だから昔、ソーンダイク（E. L. Thorndike）という心理学者がアメリカ政府から委託を受けて研究した時には、残念ながら転移はほとんど起きないと結論してしまった。**実質陶冶論**のほうに肩入れしたわけです。そこでぐっとアメリカのカリキュラムが変わって、要するにラテン語とかユークリッド幾何学とかそういうことよりはもっと実用的な、いわゆる目に見える形で役立つものに変わっていった。そのあと、何回も揺れ動かしが心理学の中であるんですよね。

苅谷　ありましたね。

市川　一九七〇年代頃の認知心理学は、どちらかといえば知的な活動というのは領域固有的なもの、というふうに考える傾向があるんです。**領域固有性**（domain specificity）を重視する立場です。でも、他の立場が消えてしまったかというと、けっしてそんなことはなくって、やはり「どういう条件が整えば」とかという研究は脈々と続いていて……。

苅谷　現実の教室の場面というのは多様だし、個人も多様なわけだから、実験室レベルでいろいろトレースできる問題とそうじゃない問題があるわけです。つまり、形式陶冶はありえない、転移はありえないということが学問的に一〇〇パーセント解明されたら、これから言うことはナンセンスな話になるけど、そうじゃない限りは、転移という考え方が生き続けるわけですよね。

そうすると、実践家にとってはある意味ではそのメカニズム自体はどうでもいいことで、つまり、否定されていないということが大事なんですよね。そのことによって、ある勉強をやる意味が何らかの形でありえるという可能性は残っている。個別の教科を取り出して、それ独自の、まさに今「領域固有性」と言ったけど、そういうことだけで知識の意味を問うとか、勉強の価値の意味づけを問うとかということをやる場合とは異なる意味でね。僕は、さっきから「哲学的」って言っているけど、要するに歴史とか社会とかというものの複雑さを考えると、学問による単純化がもっている社会的な影響力にも目を向ける必要がある。

だから心理学でわかっていることというのはどの範囲なのかとか、その場合に否定できない部分があった時に、同じ形式陶冶で何かをやるのか。たとえば、欧米の学校だったらギリシャ語やラテン語をやっておいたほうがなぜよかったのかというと、ラテン語は他の論理的な思考力をつくり出すと同時に、古典的な「教養」だからだという説明があった。それ自体がある種の教養として文化的な価値をもっているということで、別の人工的な言語で形式陶冶をやるよりはプラスアルファがあると言う。僕は別に古典的なリベラルエデュケーションの論者じゃないんだけれど、こういう教養論的な考え方もありますよね。

つまり、歴史を経ていろいろな社会で生き残った知識にはそれだけの、何らかの価値があるだろうという立場です。歴史的に淘汰されずに生き残っているんだから、そのこと自体で価値があると見ていいんじゃないか。数学や文学なども同じだと思います。理科や歴史の知識だってそうです。そのことに大人が自信をもっていれば、それを教えることに子どもが納得するかどうかというのは別の次元ですよね。これは動機づけの問題とは違うんだという考え方もある。

だからカリキュラム論で言えば、もう少し社会的な、あるいは歴史的な視点でそれぞれのカリキュラムの意義みたいなものを考える余地があってもよいと思う。教育改革の歴史を見ていけば、確かに揺れ動きがあって、その中でいろいろな議論があったのに、そういうことを忘れて、現在の視点だけを重視する議論が起こりやすいじゃないですか。

市川　今の話でね、僕が思い出すのは、コンピュータ・プログラミングっていうのを教育として行うかどうか。これ、二十年くらい前から十年くらい前までの間、情報教育の中ですごく議論になってましたね。自分もプログラミングを教えることに関わっている時にすごく考えさせられたことなんですよ。その時、どうしてもそれぞれの人の主張が、背景にある価値観にすごく狭く規定されちゃうなと。

僕がその時まとめたのは、まず考え方として大きく三つある。一つは、要するに直接的な効用があるからという立場。当時はコンピュータを操作するということはプログラムを書けるということだと思われていたから、一つの現代人の基本的なリテラシーとして必要だという擁護論です。第二は、間接的な効果があるということで、要するにコンピュータ・プログラムを作るということは論理的な思考力を養う。これ、まさに形式陶冶なんですね。第三の立場として、文化的な価値があるということ。コンピュータのプログラムを書くということは、実際、おもしろい活動でもあるし、コンピュータ文化を楽しむという点から見ても、それ自体が非常に意味のある活動だと。僕はこの三つ、それぞれの立場をある程度相対化して理解した上で論じないと、議論がむちゃくちゃになると思ったんですね。

苅谷 そうですね。

市川 どれもそれなりに一理あるんだけど、最初の実用的な価値というのは、確かにこれだけどんどんいいソフトウェアができてくると、相当薄れてきた。二番目の間接的な効果があるという話、これは実証がすごく困難。実証を試みた人もいるけれども、長期にわたることだし、他の要因が入ってくるので非常にむずかしい。三番目の議論は、ラテン語のように歴史があるわけではないので、価値があるという人と価値がないという人とで、議論がものわかれになってしまうんです。それにしても、お互いにこの三つの側面があるということを理解して相対化した上じゃないと、教育の議論ってできないと痛感しましたね。

基本的には、心理学者もやはり政策決定の場であるとか、実際に実践に関わる立場となると、いろいろなことを考えに入れなきゃいけないし、また自分が言ったりやったりしてることの影響というのは、どんな形で出てくるかっていうことをまざまざと見ることになります。それはやはり大切なことだと思いますね。

苅谷　今回、市川さんがこの本で学説史的なレビューをなさっている。こういうことを、むずかしい専門書で書くんじゃなくて、一般に流布するような形のメディアで書いていることはすごく大事だと思います。つまりそういう広い学問的な裾野をベースにした上で何を言っているのかということが見えてくるじゃないですか。そういう見取り図を専門家が与えてくれないとね。前の話で言えば教育学や教育政策に取り入れられた教育心理学の考え方や概念とそのオリジナルとの照合関係みたいなものをつけていく。そういうことは専門外の人がやるよりは、その学問をやっている人が見取り図を与えてくれたほうが正確です。しかも、その中でよりポジティブな部分も評価されるというか、さらにまた別の形で、いったん批判を受け入れた上で新たにポジティブなことも出せるわけだから、いいと思うんですよね。

市川　そういう意味では、本書の第1章も、ずいぶんすっきりと簡略化されてしまっているものなんですけどね。少なくとも、心理学の考え方も一枚岩ではないことを知ってもらって、全体的なマップを作るのに参考になればと思っています。今日はさらに、読者にとっても、心理学者にとっても、心理学の役割を冷静に眺めるための話を苅谷さんからうかがえてよかったです。ありがとうございました。

第4章

自分のやる気を引き出す環境づくりと意識づくり

第1章では、心理学の理論的な話、やる気ということについて、どんな理論なり知見なりがあるのかという話をしてきました。第2章では、和田秀樹さんとのやりとりを通じてさらに教育心理学、あるいは私の「二要因モデル」ではこんなふうに考えているという話でした。第3章では、苅谷剛彦さんの論文を取り上げて、俗流の教育心理学ではこんなふうに考えられてしまうけれども、アカデミックな教育心理学ではこのように考えている、という話をさせてもらいました。

本章では、心理学的な考え方に沿いつつ、実際に私たちが生活の中でどうやってやる気を出していったらいいのかを考えていきます。「やる気を出さなきゃいけないんだけれども出てこない」ということがたくさんある。その時にどういう環境を整えればいいか、どのような気のもち方をすれば自分のやる気が引き出されるか、という問題です。

「心理学的な考え方に沿いながら」と言いましたけれども、実際に心理学でいろいろなやる気の出し方というのが提案されているわけでは必ずしもないのです。心理学というのは、どうしても理論的なことが中心で、人工的な場面を実験的につくって、ある理論が妥当かどうかを検証するということが主になります。

　ただ、日常生活にも生かせそうなものがないかということを、経験に照らして考えていくという材料にはなるはずです。そこで、ここではいちおう「二要因モデル」というものを念頭におきながら、こういう志向を重視した時にこんなやる気の出し方が出てくるのではないかという話をしようかと思います。わりとすぐに取りかかれそうなものから順に、第一ステップ、第二ステップ、第三ステップということで考えてみます。

1　第一ステップ——内容分離的動機から入る

賞罰を自律的に使う

「第一ステップ」は、二要因モデルでいうと、下の三つの動機に絡んでいます。要するに報酬志向、自尊志向、関係志向というものです。この三つを、第1章では「内容分離的動機」と呼びました。要するに学習内容それ自体にはあまり関心があるわけではないんです。しかし、和田さんとの議論でも言いましたように、けっしてこういうものを軽視しているとか、もつべきでないと思っているわけではありません。むしろやる気がどうも出てこないという時に、取っかかりとしてはこういう動機が役に立つことがあるのです。まずその報酬志向を重視した考え方をどう使っていくかということから、お話ししようかと思います。

報酬志向というのは、何かの行動がうまく取れたときに、外から報酬が与えられるということが普通です。たとえば子どもの場合でしたら、大人にほめられたりとか、学校でシールを貼ってもらったりとか。これで確かに子どもは喜んでその行動を取ります。しかし、いつまでもそういう状態、つまり人から報酬が与えられないとやらないというのでは、ちょっと情けない。そこで心理学でも出てくる考え方は**自己強化**という考え方です。自分で自分に報酬を与える。行動主義の時代から言われていることです。

自己強化も、報酬志向の場合と同じように、学んでいることと報酬との間に内容的な必然性があるというわけではありません。しかし、外から報酬を与えられる場合と違うのは、自分で自律的にやっているという感覚が得られることです。これは学習のときに非常に大切で、自分の意志で自律的にやっているという状態になっていくことは、学習を継続する上では望ましいことなんですね。

あるいは何らかの制約を外から与えられるのではなくて、自分からそういう制約が与えられるような状況に追い込むことがあります。たとえば「いつでも好きな時に原稿を書いてください」と言われたら、自由でいいように思いますけれども、普通、私たちでもなかなか書かないです。すると、出版社の人に「むしろ締め切りを決めてしまってください。そしたらやりますから」と頼んでしまう。決めるのは相手ですけれども、「決めてください」と言ったのは自分ですから、無理にやらされているという感じは免れることができる。しかも、それを守らないと、やはり何か後ろめたいような気持ちになります。そういう制約を自ら進んで課すわけです。

受験生の場合でしたら、模擬テストか何かを受ける。それは自分で決めるわけですけれども、その日にテストがあるからと思えば、それを目標にがんばることができる。もうちょっと緩いものになると、自分で目標を立てて勉強のスケジュールを作るなんていうのもありますね。自分でそのつど一生懸命がんばればよさそうなものですけれども、スケジュールを立てないと、ついだらだらとして勉強をしなくなってしまう。いったん立てた以上は守らないと自分が何か悪いことをしたような気になる。もしうまくいってできたという印でもつければ、これは自己強化になっているわけです。

こういうふうに、報酬志向にまとわりついている「外からコントロールされる」という感覚を、むしろ自分でコントロールするという自己強化に変えていくという方略が、自分のやる気を引き出す一つの入口かと思います。

対人的環境を整える

次に、自尊志向を重視する場合を考えてみます。自尊志向は、競争心とか優越感とかいうものがその背景にあります。人より優れた存在でありたいということです。これの積極的な方法としては昔から「いいライバルがいるとやる気が出る」ということが言われます。ライバルというのは何も申し合わせて「ライバルになろうね」と言わなくたっていいわけです。自分の中で「よし、あいつに負けないようにがんばるぞ」とか「あの人を目標にがんばろう」ということで自分の気持ちを奮い立たせる。

これの変形として、自分との競争というやり方があります。たとえば毎日、水泳とか陸上で記録をつけて、自分のそれまでの記録に挑戦する。これはすごく効果があると思うんです。しかし、これは自尊志向と言うより、向上心を喚起するもので、充実志向に近くなってくると思いますので、第二ステップのところで、もう少し詳しくお話ししようと思います。

関係志向を重視した場合ですけれども、関係志向というのは親和動機的な考え方でした。仲間と楽しく仕事をしたいとか勉強をしたいということです。要するに他者との親和的な関係に引き込まれてやる気が出てくる。学校ですと、グループで学習する。その中で教え合うということ、これは小学校の授業ではずいぶん取り入れられるようになってきました。特に低学年のうちですと、グループ間でのやりとりが重視されます。

従来の一斉授業では、子ども同士の関係というより、つい先生と子ども、また先生と別の子どもというように、たくさんの子どもがいても横の話し合いが起こらず、ごく一部の子どもが先生とやりとりをするという授業になってしまいがちでした。クラスの中で手をあげて発言するにしても、度胸がある子といいますか、人前でも自分の意見をはっきり言えるという子しか発言できない雰囲気になってしまう。そういう意味では小グループの中で意見を言い合ったり、教え合ったりということから入っていくというのはすごく大切だと思います。そこでの参加意識がやる気につながっていく。

さらに、集団で何かを達成するということ、これも学校では、いろいろな行事でやりますね。会社でもチームとして何かを達成するという状況は多いと思います。一人一人が自分の業績に応じて報酬が与えられるというより、グループとしてがんばると何か報酬が出るというやり方を、会社でも取り入れているところがあるようですね。そのほうが、特定の人があまり浮いてしまわずにみんなでがんばれるし、うまくいった時の喜びというのも集団でやるとかなり大きいものです。近頃、学校の授業でもこういうやり方はあって、たとえば「グループ全員がテストで何点をクリアすると合格」ということにしたら、教え合いが頻繁に起きたり、なんとかみんなでがんばろうとするというので、ときどき使われます。

あと、友だち同士で「いついつまでにこれだけ勉強をやってこようね」とか、目標を決めたり約束をしたりする。その約束というのも先生から与えられるよりも、子どもたち同士で取り決めをして、それを守っていこうというほうがやる気が出るということはあるみたいです。ここらへんは、先に述べた「自己強化」で他者に取り決めてもらうのと似ていますが、「人間関係を悪くしたくないから」という関係志向的な側面がより強くなっています。

2 第二ステップ——内容関与的動機を高める

学習の楽しさを倍加する工夫

第二ステップなんですが、ここでは二要因モデルでいう上段の三つを取り上げます。充実志向、訓練志向、実用志向、これを重視したときにどんなやり方が考えられるか。この三つを私たちは「内容関与的動機」と呼んでいることは、第1章でお話ししました。「内容関与的」というのは、学習している内容それ自体に関わっている動機だからです。

はじめに、充実志向を高める方法を考えたいと思います。充実志向というのは、その学習自体を自分が楽しいと思ってやっているわけですから、特別な働きかけをしなくても、それでいいようなものなんですけれども、ただ、ますます楽しくなるという工夫はあってもいいと思います。

充実志向の基本は知的好奇心、理解欲求、向上心などです。しかし、ただ学習しているだけでなく、何か形のあるものを作り上げていくというような活動にすると楽しくなる。つまり、

作品化するということです。これは、学校でもよく取り入れられるようになってきました。たとえば自分たちで調べたことを小冊子にするとか、ビデオで撮って番組にするとかですね。作文も、単に先生に提出しておしまいではあまり楽しくない。いちおうやり遂げたという充実感はあるのかもしれませんけれども、きれいな文集として仕上げたりすると、作品意識がわいてきます。特にワープロとかビデオの場合でしたら、さらに手を入れて作り直すこともできます。すると、だんだんいいものになっていくという感じが自分でもつかめて、ますます楽しくなってきます。

それから先ほど、自尊志向のところでちょっとあげましたが、**自分との競争**をすると、進歩が実感できて、非常にやる気がわいてくるということがあります。学習塾をやっている平井雷太さんという方が、『セルフラーニング』(新曜社)という本で自分の塾のやり方を紹介していきます。彼の塾では、ほめたり叱ったりは一切しないというんです。要するに自分との競争ということをすごく意識させる。計算でしたら、いつも自分でタイムを測って書き込んで、自分がどれくらい速くできるようになったかを確認する。そうすると、子どもは何も外からほめたり叱ったりしなくても、自分自身でやる気を出してどんどん練習するようになっていく。この方法のいいところは、自律的にやっているという感覚が持てることと、少なくとも初心者のうちはやれば必ず伸びますから、はっきりと形に表れる。つまり進歩が実感できるということです。

すると、それ自体、非常にやる気が喚起されることになる。

ただ、これはちょっと余談ですけれども、たとえばスポーツでも、最初のうちは確かにどんどんうまくなっていくので楽しいんですが、私くらいの年齢になりますと衰えのほうが目立つんです。私は、中学校から大学まで部活で軟式テニスを一生懸命やっていたので、現役を引退した後は、練習量も減るし、体力も年とともに衰えるし、どうしても下り坂になりました。それまでできていたプレーができなくなる。「あれくらいの球は追いつけたのに」と思っても、追いつかなくなる。もっとバシッと打てたボールも、ヒョロヒョロとした球になってしまう。こうなってきた時に、どうやって気持ちを維持するかというのは、けっこう切実な問題です。

自分の場合を考えると、まず主な目的や動機が変わってくるということがありました。技術的なレベルダウンはしかたがないわけですが、それでも同年代の人とのプレーを楽しんだり、社会人の試合に出たりすることは、それなりに楽しさがあります。かなり関係志向的な動機ですね。学習とかほかの活動もそうですけれども、いろいろな動機に支えられているということが持続の秘訣だと思います。多重の動機に支えられていると、ある動機が弱くなった時でも、他の動機によって持続できる。特に生涯学習ということを考えた時には、むしろ**多重に支えられた動機**ということを考えたほうがいいのではないかと思います。

もっと大きな変化は、硬式テニスをするようになったことでした。これは、まわりに硬式の人が多かったのでしだいにそうなったのですが、また初心者のように、練習すれば技術が向上していくので楽しさがありました。これは、結局今でもずっと続いています。新しいことへのチャレンジというのは、そういう意味ではいくつになってもいいことだと思います。チャレンジしているようなことなら、まだ上達の余地がかなりあるわけですから。

教訓の引き出しによって「何が賢くなったのか」を具体化する

次に、訓練志向を取り上げます。訓練志向というのは、学習の場面でいえば「勉強するのは自分の頭を鍛えるためだ」「勉強することによって賢くなるのだ」という考え方でした。これも一種の向上心なのですが、訓練志向の場合で重要なのは、やっていることそれ自体が上達するだけでなく、他の場面でも通用するような一般的な能力の向上につながることです。心理学の用語でいえば、第3章でも出てきた学習の**転移**ということになります。たとえば、数学を勉強することが、論理的な思考力の向上につながり、仕事や生活の中でもその力が生かせるというようなことです。

しかし、これは実際にはかなり長い時間がかかることです。この訓練の効果を目に見えるような形にするというのは非常にたいへんです。今やっている学習によって「頭が良くなる」ということになるのかどうかは確かめにくいので、「良くなるに違いない」という信念に頼るしかないように思えます。そこで、賢くなるということを、目に見えやすい形に具体化していくということを考えたほうがいいのではないかと思います。ここでは、経験から何を学んだのかを、一般的な「教訓」として引き出すということをあげます。

私が生徒たちに個別学習相談したりする時のことを例にとりましょう。生徒が最初にわからなかったけれども、相当考えてある問題が解けたとか、答えを見て「なるほど」とわかったということは、場面として多いと思うんです。そういう時に、これを単なる失敗とか誤りと思わずに、そこから教訓を引き出すということをすごく重要視しています。「なぜはじめはできなかったんだろうか」「この問題をやってみたことによって、自分はいったい何をここから学んだのか」を考えて、似たような場面で生かせそうな教訓として引き出してメモしておく。これは教訓を帰納するという意味で**教訓帰納**と呼んでいます。

たとえば、角度の問題で割り算を使えば簡単に答えが求められるのに、それに気づかなかった小学生が、「角度の問題でも、かけ算や割り算を使えるんだということがわかった」ということを引き出したりします。この子はそれまで、角度の問題は全部たし算か引き算で解いてきたので、それが大発見だったことになるわけです。「この問題から何がわかったのか」を引き出して、次に似たような事態で生かせるようなメッセージとして残す、というのが教訓帰納ということです。

これは私たちの学習指導で強調している、すごく大事なポイントなんです。普通、間違えると、やる気がなくなりますね。自分の能力が低かったことの表れと捉えてしまいがちだと思うんですけれども、「ここで間違えたことによって自分は賢くなった」という実感が得られれば、むしろこれはやる気につながる。間違えたことをプラスに転じるためには、次に似たような事態が起きたらどうすればいいかということを引き出しておかなくちゃいけない、それが教訓ということになります。引き出した教訓自体が情報としてプラスになるということもありますけれども、学習意欲という面でも、普通なら下がってしまうところが、むしろやる気につながるという意味で、失敗をどう経験として生かすのかが重要なのです。

こういうことは、私たちの生活の中にもたくさんあります。たとえばスポーツであれば、負けたら、普通、やる気は下がりますよね。でも、「きょうの試合はなんで負けたんだろう」ということを自分で考えて、もっとどうすればよかったのか。あるいはどんな練習がこれから必要なのかというふうに考えれば、ぐっとやる気も出てくるはずです。和田秀樹さんが、『パワーアップ編』の中で『失敗学のすすめ』(畑村洋太郎著・講談社刊)という本について書いていらっしゃいますよね。私もあれは非常にいい本だと思いました。著者は東大の工学部の先生ですけれども、ご自分の仕事の中で失敗をどう生かすかということをいろいろとあげています。私も日々の子どもたちの学習の中で、まさに子ども自身でそういう教訓を失敗経験の中から引き出せるようにと思っています。

ただ、問題は、だれでもうまい教訓を引き出せるとは限らないということです。これは私たちが学校で調査したりして、成績のいい子どもたちというのは教訓の引き出し方がうまいということがわかっています。同じ失敗をしても、そこから何を引き出して次に生かすかに差が出てくる。ですから、先生からの指導というのも大事だと思います。私の学習相談では、よく宿題として「教訓を引き出してくるように」というのを出します。それを見て「もっとこんなこともあったんじゃないかな」とか、「これはもっとこういう表現をするといいんじゃないかな」ということは指導するんです。

例をあげると、高校生の数学の場合、方程式を解くときに「未知数が三つ以上あっても、一つずつ代入法で消去していけばいい」とか、確率の問題で「余事象の確率が簡単に求められる時は、一からそれを引いたほうが簡単」とかいうのはうまい教訓ですね。もちろん、教科書や参考書に出ていることもあるけれども、自分の経験に即して引き出すことは、進歩したことを実感して、やる気にもつながっていくわけです。一方、もっと汎用性のある教訓としては、「関数の問題はグラフを書いてみるといい」とか、「公式を記憶する時には、それを導く時のポイントを理解しておいたほうがいい」というようなこともあるでしょう。そうした教訓の引き出しを自発的に行っている生徒は私が見たところ非常に少ないのです。同じ失敗経験をしても、何が原因か自覚できないと教訓は引き出せない。これは、非常にもったいないことと言えます。

習ったことが役に立つ場面を設定する

第二ステップの最後として、実用志向を取り上げます。実用志向は、「今やっている学習がいったい何の役に立つのか」というのを目に見えやすい形にするというのが大原則です。何の役に立つかということがはっきりすれば、デシのいう「統合化」されている状態になって、「私はこの学習がしたい。なぜならば、それによってこういうことができるようになるからだ」という能動的な学びになります。

私たちが英語を学ぶ時のことを考えてみると、英語という言語それ自体に興味をもっている人はあまり多くはないと思います。むしろ、英語を学ぶことによっていろいろな本が読めて知識が入ってきたり、外国の人とコミュニケーションができたりする。つまり、道具としての英語を学びたいという人が多いのではないでしょうか。要するに、実用志向が大きな動機ということになります。ところが、一昔前ですと、身のまわりに外国人はまずいないし、コミュニケーションしようにもできなかった。文通という手もありましたけれども、書くのもたいへんで、出しても返事が来るまではずいぶんかかる。いきおい、「教養のため」とか「テストのため」という動機にうったえざるをえませんでした。最近の学校教育の中では、コミュニケーションの道具としての必要性を感じながら学ぶという環境がだんだんつくりやすくなってきました。外国人もまわりに増えてきましたし、インターネットを使えば、すぐにでも通信ができます。

　一九八〇年代の後半くらいに学界で使われた言葉で**機能的学習環境**（functional learning environment）という言葉があります。「機能的」というのは、つまり「生きてはたらいている」ということですね。学習していることがどう生きてはたらくのかが学習者にとっても見えやすい環境ということです。私にこの言葉を教えてくれたのは三宅なほみさんという、当時、青山学院女子短期大学にいらして、今は中京大学の教授の方です。三宅さんは認知心理学者なんですけど、当時、英語の授業をもっていたんです。もう十五年くらいも前で、パソコン通信がだんだん盛んになろうとしていた頃でした。「インターネット」なんていう言葉はまだ聞いたこともなかった時代です。

　三宅さんのゼミでは、何か興味をもって追究してみたいと思うテーマを学生が話し合ってまず選ぶんですね。たとえば「子育てについて」とか「女性と仕事について」とか「女性にとっての自立について」とか、自分たちが非常に関心をもっているテーマについて、その質問紙をアメリカとかイスラエルにパソコン通信で送る。もちろん英語でやるわけです。で、自分たちが研究としてまとめたことを、また外国に送って意見をもらったり、研究交換のようなことをするのです。

授業を受け身的に聞くのと違って、学生たちはたいへんなやる気が出るわけですね。英語とかコンピュータも、この場合は教養のために学ぶというわけではなくて、外国の人たちとコミュニケーションをするためにという目的が明白です。それは学校での英語の学び方とだいぶ違います。普通は文法を学んで、単語を覚えて、会話でしたら反復練習をやって、いつ使うのかはわからないけれども「将来いずれ役に立つ時が来る」と信じて一生懸命勉強する。あるいはそれだけだとなかなかやる気が出ないので、テストがあるからということで学ぶ。そういう学習とはだいぶ違う。それから、コンピュータの使い方についても学ぶわけですが、作った文章をワープロでじっくり編集したり、パソコン通信で送るための道具として、使う便利さが実感できます。これは機能的学習環境の典型的な例と言えます。

基礎に降りていく学び

学習というのは基礎から積み上げるものだと一般に思われているようです。私は先ほどお話ししたように、テニスを長くやっていたこともあって、スポーツの例をよく出します。たとえば中学校で私たちが部活に入ってテニスを習う時にどうだったか。これはもう徹底的に基礎から積み上げていくというやり方だったわけです。まず球拾いと素振り、基礎トレーニングに最初は明け暮れます。それからやっとボールが打たせてもらえる。最初はフォアのストロークをやって、合格するとバックのストローク、それからサーブをやって、ボレーをやって、スマッシュをやって。それで二、三カ月経ってやっとゲームをやらせてもらえる。これはまさに**基礎から積み上げる学び**です。

するとやはり「つまらない」「やる気が出ない」という生徒が多いです。ですから続々とやめていきます。どんどんやめてもらうには、これは最良の方法なんですね。二、三カ月経った時には数がだいぶ減って、日本の中学校にはテニスコートがあんまりありませんから、それに合うくらいの人数になっていく。ふるい落としていくのには実に有効です。

ところが、社会人のテニススクールでは、こういうやり方は絶対とりません。最初からこんなやり方をとったら、みんなやめてしまいますから。大学でのテニスサークルでもあまりこういうやり方はとらないでしょう。むしろはじめのうちに一通りの基礎を教えたら、まずゲームを経験してもらう。すると、下手でもそれなりにけっこうテニスっておもしろい。ただ、やってみると、「もっと強くなりたい」と欲が出てきます。「うまくなるためには練習が必要なんだ」ということを納得した上で基礎練習をやる。基礎をやってはまたゲームをやる。すると、基礎の大切さもわかりますし、またそれをやることによって自分がだんだん強くなっていくという実感も味わえる。そういうやり方は先ほどの機能的学習環境と似ています。実現したいことがあって、そのために必要感をもって基礎を学ぶ。それを私は**基礎に降りていく学び**と呼んでいます。

学校の教科でも、「基礎から積み上げる学び」と「基礎に降りていく学び」ということのバランスが、これまでちょっと悪すぎたのではないか。学習といえば基礎から積み上げていくものだと思われてきました。実際に大学でやるような学問分野というのがもともと親学問としてあって、基礎から積み上げていくとそこに到達するようになっている。でも、これはテニスを基礎練習から積み上げていくのと同様で、このやり方で「やる気が出る」「おもしろい」と思える子どもは、よほど知的好奇心が強いか、あるいは言われたことを従順にやる子どもということになってしまいがちです。学校でも、「何かやりたいことがあって、そのために基礎に戻る」という学習を取り入れていいのではないか。それは現在の学校でいえば、「総合的学習」ということになるでしょうし、社会では実際、そういう学び方をしていることが多いのではないかと思うのです。

私が、統計学というものを学んだ時のことを思い出します。高校とか、大学の教養過程ではまさに積み上げ型の学習で統計学を学んだものです。順列・組み合わせ、確率、確率分布、検定、推定……と積み上げていきます。すると、ほとんどの人は途中で挫折してしまう。ところが、専門課程に入ってから心理学の中でも統計を学びます。自分たちで実験や調査をやってデータを取ってくる。そのデータを分析するためにはどんなやり方があるか、ということを教わりながら統計学を学ぶと、多くの学生が興味をもってついてくるし、理解も非常に進むんです。それは、やりたいこと、今の場合でしたら、たとえばアンケートの分析、実験データの分析などがあって、そのためにはこういう方法が便利なのだ、使えるのだという実用意識に支えられているからです。それぞれの分野の専門家は、一般に基礎から体系的に教えるのを好む傾向があるようです。しかし、ちょっとハードルが高いと思えることは、使う場面から入っていく、という手はすごく有効ではないかと思います。

3　第三ステップ——二要因モデルを超えて

試練と使命が生む「鉄の意志」

それでは「第三ステップ」になりますが、第三ステップでは、二要因モデルにあるいくつかの動機を複合したものとか、あるいは超越したものを考えてみたいと思います。

世の中には、いったいなぜこんなたいへんなことをやっているのかと思えるようなことでも耐えられる人がいます。「あの粘り、がんばりはどこから来るんだろう」と感心することがあります。私はそういう人たちを見ていると、二つのことを感じることがあります。

一つは、「これは自分に与えられた試練なんだ」と考える人たちがいるようです。いくら失敗してもくじけない鉄の意志をもっている。学生時代によく出会ったのは、宗教の勧誘をしている人たちでした。大学のキャンパスで、この頃はあんまり見かけませんが、昔はよくいたものです。ほとんどの相手はそういう勧誘に乗りません。断られてばっかりです。でも、毎日、毎日声をかけている。セールスマンの勧誘でしたら儲けに直結しますから気持ちがわからなくもないんですけど。「なんでそこまでやる気を保っていられるのかなあ」と不思議でしたが、やはりこれは一種の試練なんだと考えているのではないかと思います。断られたら辛いけれども、これに耐えて努力し続けるということが自分を強くする修業なのだと考えているらしい。

仕事でもスポーツでも音楽でも勉強でも、失敗した時に試練だと考えられる人は強いものです。勉強だったら、試験に何回も落ちるという人だっています。「今はとにかくこれは我慢の時だ。これを乗り越えることによって、自分が本当に成長できる」。そういうものの考え方をしているんではないかなと思います。すると、少々の困難ではめげない。これはいったい、何志向なのかと思うんですが、訓練志向と自尊志向が含まれているのだろうと思います。とにかく困難に遭えば遭うほど「これは自分のためになっている、自分を向上させるいい経験になっている」と思うということなのでしょう。なかなかそういう境地に至るのはむずかしいかもしれませんけれども、少なくともそういう気のもち方でかなり困難に耐えることができる。

もう一つ、鉄のような意志をもった人に感じるのは、「使命感」というのか、「自分がここでがんばることが他の人の気持ちに報いることになっている」「みんなのためにも、自分がこれを成し遂げなくては」という考え方です。単に自分の試練というだけではなくて、そこに他の人というのが入ってくるので、また一段と強いものになっている。

最近の例ですと、佐々木投手やイチロー選手がどういう気持ちで大リーグでプレーしているか、私のような素人には本当の気持ちは計りかねますけれども、「自分の可能性に挑戦したい」というだけではないと思います。想像してみるに、もし自分がここでひどい成績になってしまったら、これはもう「日本のプロ野球ってそんなものか」と思われてしまう。何年間も日本では首位打者を取ったイチローが、大リーグに来たらレギュラーにもなれないという結果になってしまったら、それは自分だけの問題ではなくて、日本の人たちがどれだけがっかりするか、という気持ちもあるのではないかと思うのです。逆に自分がすごくいい成績をあげれば、「日本の野球は、すごくレベルが高いんではないか」ということで、アメリカ人も見直してくれるし、日本の野球選手の誇りや励みにもなる。つまり、ある意味では、その属していた集団の思いを背負って、「自分がやらなくては」という使命感があれば、いやでもがんばることができる。

身近な例ですが、私の大学でも、四十代、五十代ぐらいの学生さんが入ってくることがあります。すごく意欲的でよく勉強するんですね。もちろん、向学心は強いのですが、そういう人の話の中で、自分が東大でしっかりやっているということが、他の高齢の生涯学習者たちにとっても、非常に励みになっているのだと言うのです。「自分がここで、大学院にも進んでがんばっていることが、他の人たちのがんばりにもつながる」と。背負っているものがあるだけに、すごいやる気を生み出している。

ただ、イチローにしても、そういう期待がプレッシャーにならずにプラスに転じているところはさすがだと思うんですね。プレッシャーになって焦りに変わると、かえっていい結果が出せなくなってしまうという状況にあって、実際の成果を出していくには、もちろん裏づけとなる技術や自信がないといけない。むしろ、使命感を十分感じながらも、それは適度に抑制しながら、自らの技術の向上に注意を集中していくということが求められるのではないかという気がします。

「なりたい自己」と「なれる自己」を広げる

二要因モデルでは、「役に立つから」という実用志向、「自分の知力を鍛えるため」という訓練志向、「学ぶこと自体が楽しいから」という充実志向を、内容関与的な学習動機としてあげてきました。これらは、確かにしばしば教育の目的としてあげられるものでもあります。しかし、学ぶことの意義は、けっしてこれらにとどまるものではないと思います。学習とは何か、教育とは何かということについて、ここでは、「なりたい自己」と「なれる自己」を広げるということを考えてみます。こうした見方をすることによって、新しいことを積極的に学んで自分の可能性を広げていこうという意欲につながるものと思うからです。

なりたい自己というのは、自分はいったいどんな人になってみたいかという選択肢です。自分の夢と言ってもいいかもしれません。仕事を例にあげると、子どもに「将来、何になりたい?」と聞いてみると、いろいろあがってきます。たとえば「タレントになりたい」とか「スポーツ選手になりたい」とか「学校の先生になりたい」とか「お医者さんになりたい」とか。しかし、そういうものは、子どもの生活の非常に狭いチャンネルから見えているものだけなんですね。テレビをひねれば、タレントやスポーツ選手が出る。仕事としてやっていることを知っている大人というと、学校に行けば先生、病気になればお医者さんにかかる。自分の親が具体的にどんな仕事をしているかなんて知らないことが多いです。どうしても子どもの普通の生活からでは、社会にいる大人がどんなことをしているのかということが見えてこない。それをもっといろいろ取り上げて、「ああいう仕事もおもしろそうだな。なってみたいな」というように広げていく、これが学習の大切な側面だし、それを広げる、支援するということが教育の重要な役割だと思うのです。

私が見学した東京学芸大学附属大泉小学校の授業では、市役所の都市計画を担当している人を授業に呼んできたことがあります。自分たちのまわりの、自転車置き場のようすとか道路のようすとかを調べて、いろいろな問題点を考えてどうすればいいかということを学習した後に、市役所の人に来てもらうんですね。子どもたちが疑問を出したり、「こんなふうにするといいんじゃないか」というアイデアを出したりする。それについて市の職員の人が答えてくれたり、「いや、そういうやり方ではなくて、もっとこういうふうなやり方が今考えられているんですよ」という話が聞けると、子どもたちは感激するんですね。「そこまでいろいろ考えて職員の人たちが仕事をしているんだ」と。子どもたちの中には、「ああいう仕事っていいな、やり甲斐があるな」と思う子どもも、きっと何人かは出てくるでしょう。それは子どもの「なりたい自己」のイメージを膨らませたことになるわけです。

職業に限らず、ほかにももっと社会的な役割、たとえば地域でボランティアをしている人たちなどもいます。それからものの考え方、むずかしく言えば思想ですけれども、いろいろなものの考え方に触れる。「なるほど、そういう考え方っていいな」というものを知る。あるいは、「ああいう趣味って楽しそうだな」ということもあるでしょう。音楽であったり、ダンスであったり、スポーツであったりですね。広く言えば、どのような生き方があるのかを知って、自分の選択肢を広げていくというのが、学習の重要な側面です。

一方では、**なれる自己**を広げるということがあります。今の自分の延長としてだったら、どういうものになれそうかというのが「なれる自己」です。たとえばスチュワーデスになりたいと思っても、英語ができなければ、それはなれませんね。プロのサッカーの選手になりたいと思っても、今の自分の運動能力の延長ではなれそうにない。私たちが学ぶという時には、とりあえずこういう学習をしておくと、こういうものにだったらなれるという「なれる選択肢」を広げるということもやっているわけです。それには、今なりたいと思っているかどうかにかかわらず、とりあえずやっておくというものもあるでしょう。

たとえばある生徒にとっては、英語を学ぶということが、自分にとってその時には意味のあるものに思えない。今使うわけでもないし、将来、英語なんて使う職業に就きたいとは思っていない。しかし、学校で英語を学んでおくことによって、「もしそれを必要とするものになりたいと思った時にはなれる」という選択肢ができるわけですね。そういう学習は学校にはいっぱいあります。それによってなれる選択肢の集合を広げることができる。最終的には、私たちはこの「なりたい自己」と「なれる自己」の重なるところから何かを選び取って、それになっていくわけですから、なれる自己を広げておくことは、結局自分の自由度を広げることになるわけです。

「自分はサッカー選手になるんだから、数学なんていらないよ」と言って、もう早々と数学を放棄してしまえば、もうそれはそれっきりですね。「なれる自己」は広がらない。それは自分の可能性をそこで閉じてしまうことになるわけです。むしろ自分の中に眠っている可能性をどんどん開いて選択肢を広げていくということが学習であると考えると、新しいことにチャレンジする、トライするという意欲がわいてくるのではないでしょうか。

私にはこういうイメージがあるんです。人の中には、いろんな可能性をもった何か種のようなものがあると。水をかけなければ絶対伸びてこないけれども、水をかけることによって、すうっと伸びてくるものがあるかもしれない。何か新しいことを学んでみると、そういうものが思いがけなく出てくるかもしれない。たとえば何か新しいスポーツをやってみると、意外とそれが好きになれる自分があったり、上達できる自分があったりするかもしれない。音楽を例にあげると、普通、「作曲してみよう」なんて思う人はそんなにいないかもしれないけれど、もしそういう場があって作ってみたら、意外と自分でも満足できたり、あるいは他の人も喜んでくれたりするようないいものができるのかもしれない。そういう芽が伸びてくるかもしれないのです。

食べ物の好き嫌いをたとえとして言えば、何か新しい食べ物にトライしてみると、「あ、意外とおいしい」と思って自分の食事のレパートリーの中に入ってくるかもしれないですよね。見ただけで、「おいしくなさそうだから、やめた」と言ってしまえばそれっきりです。何か新しいことに対して取り組むという時に、そういう捉え方ができるのではないかと思います。二要因モデルで、そういう学習動機がずばりと出てこないのは、これがもともと生徒のアンケートから作られたものという限界があるからかもしれません。中学生や高校生の学習の動機として、「自分の可能性を広げるための機会だから」というのは、残念ながら自発的にはあがってこなかったのです。

刺激し合い、啓発し合う場をつくる

最後になりますが、私たちがＲＬＡ（researcher-like activity）と呼んでいる実践的な教育活動の例をあげながら、刺激し合い、啓発し合う場をつくることが、学ぶ意欲をかきたてる上でいかに大切かという話をしたいと思います。私が大学で心理学を教えるようになってから、二十年くらい経つわけですが、はじめのうちは、自分が受けたような講義形式の授業や、文献講読のゼミ、実験や調査の実習指導などを行っていました。しかし、こういう授業だけでは、私たち研究者が日常的に行っている研究活動の楽しさや知的興奮が、どうも学生に伝わらないのではないかと思うようになりました。そこで、ここ十年くらい行っているのが、ＲＬＡを取り入れた大学や大学院の授業ということです。

ＲＬＡというのは、普通ならベテランの研究者が行っているような活動を、学生たちに積極的に行ってもらおうというものです。たとえば、ある人が学術雑誌に論文を投稿すると、それを査読するという役割の研究者がいます。投稿論文を読んで、どういうところがいいか、どういうところがまずいかというコメントを書いて、これを雑誌に載せていいかどうかを判定するような「査読者」です。査読者は普通、四十代、五十代くらいのベテランがやることなんですが、その役を学生にやってもらう。素材としてはすでに出ている学術論文を使いますが、査読者になったつもりで、これを評価して、コメントを書くわけです。これまでのゼミの発表では、普通、論文を読んできて、その内容をレジメに書いて紹介するくらいで終わってしまうことが多いんですが、評価するという立場になると、がぜん読み方が違ってきます。すでに論文になったものでも、良いところ、悪いところをよく見ようとして積極的に考えて表現する。他の参加者もその論文をみんな読んできて、発表者のコメントをめぐって議論するのです

それから学会ですと、「講演者」というのがいますね。普通、これも大ベテランです。今この分野ではどんな研究がなされているかということをまとめて、そして自分の意見をいろいろ述べたりする。その役を学生にやってもらうのです。だいたい数カ月、ある領域について最先端の研究まで調べて、最後は学生同士で大講演会をやります。学会の講演と違うのは、聞いているほうも評価シートで発表のしかたや内容を相互評価します。講演しているところをビデオにも撮ります。自分で後から見て、どういうふうにもっと改善すればいいかということも考えるためです。学生にそこまでの役をやってもらうことによって、本人も充実感がわくし、お互いに非常に勉強になる。学生にとってはたいへんなようですけれども、非常に意欲をもってやってくれます。

あと、学会ではよく「パネルディスカッション」というのがあります。何人かのパネリストがいて、最初、数人で自分の意見を述べて討論する。それから「フロア」という聴衆も含めて

全体討論に移る。そのパネリストの役を学生にやってもらう。これはかなり大人数の講義でもやろうと思えばできます。二〇〇人くらいの授業でやったこともあります。さすがにパネリスト役は少し恥ずかしいみたいですが、慣れてくると、けっこう堂々と話す学生も出てくる。フロアのほうからもいろいろな意見が出たりします。

自分の主張をアピールしたり、質疑応答するようなことは、これまでの日本の学校教育ではあまりやってこなかったのではないかと思います。しかし、中学校や高校でも、あるいは小学校でもこういうようなことは工夫すればできそうです。琉球大学附属中学校で、狩俣智先生という方がこのRLAを中学校の数学の授業でもやってみたことがあります。自分たちで問題を作って、その解も求めて、一つの作品にする。それをポスター形式にして、お互いに発表するのです。近頃は、このポスター発表というのは、学会でもよくある発表形式です。発表者は自分のポスターの前に立って、聞きに来た人に説明して、そこで質疑応答するというやり方です。

私もその授業を見学に行ったのですが、本物の学会さながらのすごい活気がある。もちろん、中には数学の学力がそんなに高くない子もいますが、それなりにわりとやさしい問題を作って参加する。問題はやさしくても、解答をていねいに作ったり、説明をしたり、質問に備えたりというのは、けっこうたいへんなので、しっかり準備しますし、うまく発表できれば楽しいものです。一方では、「すごくむずかしいのを作ってやるぞ」という感じではりきる子もいます。生徒たちからの感想を見ると、いかに意欲的に取り組んだかがわかります。「最初いろいろ考えたけれども、どうもありきたりでつまらないので何度も何度も作り直した」、「ポスターセッションでの説明がうまくいって、相手がわかってくれたのでとてもうれしかった」、「みんなの発表も聞けてなかなかいいやり方だと思った」などです。それから「質問されてはじめはあまりうまく答えられなかった。でも、質問されているうちに、今までわからなかったことが自分でもだんだんわかるようになってきた」とか、中には「自分の答えに誤りがあることを指摘されてわかった。でも、ためになった」と後から述べた子もいました。

狩俣先生の選択数学の授業では、子どもたちが数学の論文集を作るという実践もあります。私もその論文集を見せてもらいましたけれども、生徒たちはコンピュータのプログラミングを習って、それによって解ける数学の問題を何か考える。ある条件を満たす数、たとえばピタゴラス数とかいろいろありますね。それをコンピュータで求めるようにプログラムをつくるというテーマでした。その説明も自分できちっと論文として書かなくてはいけない、ただ問題を作って解くだけではなくて、他の人たちとのコミュニケーションの中で表現して共有して意見交換し合って学んでいくのです。その中で子どもが非常にやる気を見せていく。ですからテストでいい点を取るとか、先生からほめられるというのとは相当違った意味でのやり甲斐になっているのではないかと思います。

こういう学習の場のあり方というのは、二要因モデルに出てくる動機とは微妙に異なっているように思います。たとえば関係志向が近いようですが、この関係志向というのは、もともと親和動機から来ていて、みんなと仲良く、気持ちよく活動をしたいというのがベースになっています。もっと積極的に刺激し合うような、たとえば「友だちに間違いを指摘されたけれども、非常にためになった」とか、「自分と違う意見が出てきて論争になった。でも、自分の考えが深まった」とかいうようなことは、あまり出てこない。学会だとしょっちゅう対立も論争もある。けれども、それを通じて考えが深まっていくという学習は、これまでの学校で生徒があまり経験していないので、やはり二要因モデルをつくる時のアンケートでは出てきにくかったものと考えられます。

それから、自尊志向とも一見関係あるように見えます。確かに、自分が発表することによって、いい発表であればすごくプライドも満たされるということはもちろんある。けれども、二要因モデルで出てきた自尊志向というのは、人より優越したいという競争心がベースになっていました。しかもそれが、テストの得点というような一次元的な尺度の中で人より優越しているというニュアンスが強いものでした。ＲＬＡというのも、そういう自尊心という面は確かにあるかもしれませんが、テストの点で表されるような単純な一次元上で人より優れているという感覚とはちょっと違って、むしろ演奏とか美術のように、自分らしさを発揮して他者にもその良さを認めてもらう喜びのようなものではないかと思います。

どちらにしても、人と刺激し合う関係をもちながらやる気を維持していくというのは、私たち研究者が、意欲を維持していく時にもすごく大事な要素になっていると、経験上思います。研究者といっても、けっして知的好奇心だけで研究をしているわけではない。やはり人とコミュニケーションしながら、反発したり、触発されたりするからこそ、長くやっていけるのです。これは厳しい面もある。裏目に出ると、自信をなくすこともある。しかし、刺激しながらお互いに高まっていくということが、やり甲斐とかやる気につながるようにしたい。それには、学校での先生とか、会社での管理職など、リーダーにあたる人たちの組織風土づくりが重要な役割を果たすのではないでしょうか。

Q&A

自律的に意欲を喚起する

――お話の流れはよくわかりました。私も、今仕事をもっていますので、自分が仕事をしている時に、「どうして自分はこの仕事をしているのか」という気持ちをもつ場面を想像しながらうかがいました。感じたことは、どの要素も自分の中に全部あるということですね。自分はこれまでどうしのいできたのかなと考えると、そのときどきでいろいろな動機を使いながらではないかと。

市川　ええ、そうだと思います。心理学の理論家というのはどうしてもある一つの立場に立ってすべてを説明しようとしたり、それを推奨しようとしたりしますけれども、実際の人間はいろいろな側面があって、だからこそうまく維持できている。あまり特定の考え方だけに固執しないほうがいいのではないかと思います。

――そうですね。だから逆に言うと、仕事も勉強もそうなんですけれども、意欲にはどういう要素があるかを自分で知っていると、かなり状況への対処のしかたが違ってくるような気がしますね。

市川　はい。そう思っていただけるとすごくいいと思うんですよね。ですから、自分がこれまでそんなに意識せずにやっていたことを、あらためて見つめ直して広げたり、それまでの自分の考え方を相対化したり、そういうところに動機づけの心理学というものが一つの参考になればいいなと思いますね。

――その時に、第４章の話で大事なのは、やはり自分で自分のことをコントロールできる状況というのをいつも確保しないといけない。

市川　そうですね。自律ということはすごく大切だと思うんですよ。ただ、デシも本の中で述べているのは、「自律ということは、イコール独立ということではないんだ」と。独立とは、他の人とはもう関係なしに、自分一人でやることですよね。私たちは、実際には他の人に頼ることもある。つまり助けを借りることもあるわけです。しかし、それが自分の意志で「こういうふうな援助をしてほしい」と思って頼んでやってもらうという時には、自律心は損なわれないわけですね。

――自分で締め切りをつくるのもそうですね。

市川　はい。自分で大切だと思うから自分で締め切りを設定する。あるいは「締め切りを決めてください。それを目標にやりますから」というのであれば、自律心は損なわれない。頭ごなしに他の人に決められて自分が縛られていると思うと、やる気がなくなってしまいますけどね。

ビジネスマンにとっての仕事とやる気

――そういう点では、勉強する子どもだけではなく、大人というか、いわゆる仕事をしている人にとっても役に立つ話だと思いました。

市川　私の出す例がどうしても学術的なこととか、学校の学習のことになりがちなので、ビジネスマンの人が読むのであれば、会社での事例がいっぱい出せるといいと思うんですけれども、それはぜひ読者の皆さんが自分の状況に合わせて、広げて考えていただけるといいと思います。

――そうですね。それを類推することはできると思いました。でも、もう少しビジネスマンの立場に即した具体的な質問をしてもいいですか。

市川　ええ。私に答えられそうな範囲で、ということになりますけど。

――ビジネスマンが、仕事においても私的な生活においても、いつまでも意欲的な人生を送れるためにはどうしたらいいのか、ということなんです。ビジネスマンにとって、報酬、つまりお給料の問題は、「報酬動機」であると同時に、「報酬束縛」であるようにも思います。「それで食べているんだから、やる気が出るとか出ないとか、好きとか嫌いとか、甘いことを言っている場合じゃない」というふうに上司は言うし、自分でもそのような価値観を内面化しています。で、なかなか仕事に前向きになれない時には、「仕事をやめたら生活できなくなるんだから、やめられないんだ」と自分に言い聞かせる。するとますます仕事を辛く感じるようになる、やる気が出なくなる、という悪循環が起こるように思います。このような悪循環を断ち切るにはどうすればいいと思われますか。

市川　なるほど。それは、まさに仕事が手段化してしまって、自律性が損なわれた状態ですね。本当はやりたくないことを、しかたなしにやっているという。「収入のためだから、あたり前だ」と思っても、仕事が楽しくはならないでしょうね。こういう時は、給料が上がったからといって、仕事自体はおもしろいと思えないものですよね。かえって、「つまらない仕事だから、収入が多くたって当然」と思ってしまったりして。社会心理学の認知的不協和の実験で、そういう話が出てきますね。

――それは、どういうものですか。

市川　フェスティンガー（L. Festinger）という人の提唱した理論で、二つの事実が整合的でない時に感じる不快状態のことを**認知的不協和**と言います。人間はそれを解消するように、態度を変化させたり、情報を選択したりするというわけです。ある実験では、被験者につまらない仕事をやらせて、他の人に「おもしろかったよ」と伝えてもらう。まあ、本心とは違うことを言わせるわけですね。その時、ある群には一ドル、ある群には二〇ドルの報酬を出すことにする。後から、それぞれの被験者に、「あの仕事は、どれくらいおもしろかったですか」と尋ねてみます。すると、一ドルしかもらわなかった人のほうが、「おもしろかった」と答える傾向があったという結果です。

――なんで、そんなことになるんでしょう。

市川　「仕事がつまらない」ということと「おもしろいと人に言った」ということは不協和の関係にありますよね。ところが、二〇ドルももらえると「それだけたくさんのお金をもらえれば、ウソもつくだろう」ということで、不協和が解消されてしまう。たった一ドルだと、そういう解消ができないので、別の方法を用いざるをえない。

――そこで、むしろ「仕事はおもしろかった」というように見方を変えてしまう。

市川　そうなんです。無意識のうちに認知を変えることによって、認知的不協和を解消しようとするのが人間だというわけです。だから、はじめの話に戻すと、つまらないことに強い報酬を伴わせたからといって、おもしろいと思うようにはならない。下手をすると、「つまらない」ということが正当化されてしまったりする。これは動機づけの話とも通じますよね。

——すると、どうしようもないような気がしてしまいますが。

市川　先ほど言われた「悪循環」を自分のほうから断ち切るには、そこでの努力や成功が、報酬の高さに結びつくというよりは、自分を開拓していくことに結びつくと思うほうがいいと思いますね。極端な話、「ここで仕事の腕を磨いておけば、いずれ転職したり、独立したりできる」と思ってもいいわけです。仕事自体が自分にとって無駄ではないという見方をする。それでも、どうしても今の職場での仕事がそう思えない時には、ひそかに別の場でそういう腕を磨いて、次のステップに備えるということです。

——なるほど。ビジネスマンの場合でいえば、自分がその道のスペシャリストである、プロフェッショナルである、会社の外でも通用するスキルをもっている、というイメージを意識的にもつようにすることで、生産性を上げるための工夫をしたり、勉強をしてより高い能力を身につけようという意欲がわいてくるように思います。これはRLA的な環境を自分で意識的につくるということになるように思うのですが、どうでしょうか。

市川　私が大学院でやっているようなRLAだと、近いところがありますね。学生はまだ研究者の卵ではあっても、その道に進むことに決めている。その時、背伸びしてでも、ベテランのするような活動をやることで、プロ意識が促されるということをこちらも期待しますから。「自分には、講演するなんて十年早いから、今は基礎的な勉強を地道にするしかない」というのとは逆の発想ですよね。

――もう一つ、「試験の前になると読書がしたくなる」という体験は、誰もが学生時代にしていると思うんです。これと同様で、何か「しなくてはいけないこと」があると、別の「しなくてもいいこと」への興味や意欲がわいてくるという心のメカニズムがあるような気がします。とすると、ビジネスマンも、本業である仕事のほかに、何かもっと別の世界、それは趣味でも勉強でもいいんですけど、それをもつことで、メリハリができて、仕事についても、もう一つの世界のことについても、意欲が活性化するように思いますが、どうでしょうか。

市川 ああ、なるほど。そういう心のメカニズムについての心理学的研究は私は見たことがないので、個人的な経験からの話になりますけど。つまり、人間は、いくらやらなくてはいけないと思っても、それほど勉強や仕事に集中していられないですよね。その時、「気晴らし」というのは確かにあるんですが、ここでは、もっと積極的な意味ですね。それ自体かなり入れ込んでできるような活動。自分のことを考えると、勉強と部活の両立というのは、大きな課題でした。でも、実際には、今おっしゃる「メリハリ」になって、かえってよかったんだと思います。まず、「こんなに時間を使ってしまったのだから、その分を取り戻さなくてはいけない」と思うと、かえって勉強に集中できますね。つまり、時間を大切にするようになる。それに、活動の内容がかなり違うから、バランスもとれるんでしょうね。ただ、注意しなくてはいけないのは、「別の世界」でのスランプとかストレスを、もう一方に引きずらないことです。その気持ちの切り替えができないと、共倒れになってしまう。それと、「別の世界」に入れ込みすぎてしまうことですね。いっそ「別の世界」に道を変えてしまうだけの覚悟があれば別ですが。

自分を広げる志向をもち続ける

――「なりたい自己」と「なれる自己」を広げるということを大人の世界にあてはめれば、比較的長期スパンのキャリア設計や人生設計ということになるように思います。ただ、大人の場合は、年齢・体力・能力等の事情から、「限られた資源の中で、自分はあとどのくらいのことができるだろう」という発想に立たざるをえません。大人になればなるほどというか、「なれる自己」も「なりたい自己」も非常にすぼまってくるような感じがあるんですけれども。

市川　大きな問題ですね。ただ、「なりたい自己」と「なれる自己」というのは、そんなに長期スパンの人生ということばかりを考えて名づけたわけではないんです。もちろん、長期にわたる自分の生き方ということもありますけど、もっと身近な活動でもいい。たとえば六十歳になってもすごく意欲的な人というのは、何か自分をもっと広げていきたいという気持ちをもった人なのではないですか。世の中にはとにかくいろいろなことがありますから、広げられる余地というのは実はいくらでもあるんだと思うんです。自分で制約してしまって、そのことだけを守ろうと思ってしまったら発展の余地はなくなりますけれども、いろいろなものを見れば年齢にかかわらず広げられることがある。たとえば、ものの考え方なんていうのはそうですよね。人の話を聞いたり本を読んだりすることで、ものの見方や考え方を広げていくのはいくつになってもできることだし、自分が、「ああ、広がっていくんだなあ」ということをやる気に結びつけたいですよね。

――「新しいことへの挑戦」についてですが、年をとってから新しいことに挑戦するのは、確かに上達の余地があるという点でやる気の喚起につながる側面があると同時に、ある程度年をとってしまうと、新しいことに挑戦することそのものが億劫になってしまうという面もあります。この「億劫さ」へのアドバイスは何かありますか。たとえば、老後に何か趣味を楽しみたいとしたら、何歳ぐらいまでに何に手をつけておいた方がいいとか。

市川　今さらながら思うのは、「体力」って絶対大事ですよね。若い人を見ていても、体力がなければ気持ちが続かない。年をとれば、なおさらだと思います。自分の場合は、スポーツをしていたこともあるけれども、日常的にまめに体を動かすことですよね。体の億劫さと心の億劫さはかなり連動していると思いますよ。それと、勉強にしても、スポーツにしても、趣味にしても、初心者のうちのほうが、手間や体力がかかるということがありますよね。だから、若いうちに少し手がけておくというのは確かに有利だと思います。まだ体力もあるし、伸びが早いですからね。そこで、おもしろそうだと思ったことは、老後の楽しみとしてキープしておいたっていいわけです。

――何か、ご自分での具体的な例はありますか。

市川　たとえば、大学に入った時に、スキーはやっておいたほうがいいと思って始めたんですよ。結局は、その後も毎年のように行くようになりましたが、はまってしまうというほど一生懸命やってるわけではありません。でもあれは、やっておいてよかったと思っています。まず、初心者のうちほど力んでしまって疲れる姿勢になりがちです。それに、うまくない時はよく転んで、また起きあがるわけですから、すごく体力を食います。年をとっていたら、骨折もしやすいでしょうね。あと、早いうちにやっておいたほうがいいと思うのは、音楽関係。自分では、ギターとかですけど、いちおう楽しめるくらい手がけておいて、いつか本格的に習ってうまくなりたいと思うとわくわくしますね。俳句とか、油絵なども楽しそうですけど、自分でやっていないだけに、年をとってからする時のハンディがどれくらいなのかは見当がつきません。でも、年配になってから始めた人でも、けっこう楽しんでらっしゃるように見えます。やっぱり、運動感覚を要するものは、早く始めるにこしたことがないのではないでしょうか。

――子育て中の主婦の方が何か社会との接点をもちたいと思ったり、また、バリバリの企業戦士の中に、四十歳とか五十歳を過ぎる頃からボランティア活動に熱心になる方がいたりします。「人生へのやる気」というようなものを考えると、「自分のためにすること」対「社会との関わりをもつことや誰かの役に立つこと」という軸もあって、その両方が必要であるように思いますが、どうでしょうか。

市川 その通りですね。これは、個人差がかなりあるのでしょうけど、「自分が何かを成し遂げたい」とか、「自分の力を伸ばしたい」とかいう意味での達成動機と、「何かの役割を果たす」とか、「他者との関係を築く」とかいうことに意義を見出す動機がありますよね。しかも、自分の場合を考えても、年齢を経るにつれて前者から後者に比重がだんだん移っているような気がするんです。社会の成熟という点から見ても、一昔前は、自分の業績をあげること、自分の会社を伸ばすこと、自分の国を豊かにすることというような達成動機が強調されたのが、最近ですと、**協調**や**共生**といったことがキーワードになってきています。これは、親和動機や関係志向を超えて、もっと積極的な**関係づくりの達成動機**といえるものかもしれません。

――最後に、やる気の問題との関連で、ご自身ではどのように環境づくりや意識づくりをしていらっしゃるのでしょうか。

市川　確かに、もう若くはないですからね。「環境づくり」という点から言えば、若い頃は、一人で黙々と仕事をすることが多かったのが、人と関わりながら仕事をしていくことが増えましたね。そのほうが、明らかにやる気は維持されますね。お互いにがんばっているからという側面もあれば、今回の本のように、批判や反論がエネルギー源になるという側面もあるんです。そういう相手がまわりにいるのは、ありがたいことです。

「意識づくり」という点から言えば、自分では、まだまだ開けていない扉があるんだと思うようにしています。それは、自分の外の扉とも言えるし、自分の中の扉とも言えますね。この章の中での言い方をすれば、まだ水をかけていない芽と言ってもいいですね。いくら年をとっても、必ずそういうものがあると思っています。

それと一方では、いつか自分の道を振り返った時に、「これだけのものを残してきたんだ」と思いたいですよね。それは、仕事の業績だけでなく、人とどういう関係を作ってきたかとか、どれだけ人生を楽しんできたかということも含めてです。振り返る時のことを考えると、「がんばらなくっちゃ」という気になる。時間が限られた人生なのにもったいないという感じですかね。

もっとも、子どもからは、「お父さん、暇があるとごろごろ寝てるね」なんて言われてます。しかし、眠い時に寝ておくのも悔いのない人生のうち。「無理はしないで、やれるだけのことをやっておく」というのが、正直な気持ちですね。

読書案内

学習の動機づけや教育心理学について興味をもたれた読者のために、関連する本を紹介しておきます。本書第1章の話は、教員養成のための大学テキスト、市川伸一著『学習と教育の心理学』（岩波書店、一九九五）の第一章・第二章がもとになっています。学習のしくみと教育との関わりについて基本的なところから学んでみたい人にすすめます。

教育心理学での動機づけ理論について、より詳しい知識を得たい人には、
宮本美沙子・奈須正裕編著『達成動機の理論と展開』（金子書房、一九九五）
鹿毛雅治著『内発的動機づけと教育評価』（風間書房、一九九六）
堀野緑著『達成動機の心理学的考察』（風間書房、一九九四）
などの専門書があります。学術論文にありがちな難解さがなく、比較的読みやすいものをあげました。

一般向けに書かれたものとしてすすめたいのは、
波多野誼余夫・稲垣佳世子著『知力と学力――学校で何を学ぶか』（岩波新書、一九八四）
稲垣佳世子・波多野誼余夫著『人はいかに学ぶか――日常的認知の世界』（中公新書、一九八九）

E・L・デシ・R・フラスト著、桜井茂男訳『人を伸ばす力――内発と自律のすすめ』（新曜社、一九九九）
宮田加久子著『無気力のメカニズム――その予防と克服のために』（誠信書房、一九九一）
奈須正裕著『学ぶ意欲を育てる――子どもが生きる学校づくり』（金子書房、一九九六）
市川伸一著『開かれた学びへの出発――21世紀の学校の役割』（金子書房、一九九八）
などです。波多野氏・稲垣氏の本は、認知と動機づけの心理学を踏まえた学習論として古典的存在。デシについては、本書でもよく引用しました。好みはあるでしょうが、読みごたえがある本です。宮田氏は、学習性無力感を中心に、やる気の喪失やうつ状態についての実証的な研究をわかりやすく解説しています。奈須氏と私の本は、どちらも『子どもの発達と教育』という学校教員向けシリーズの一巻で、最近の教育実践に触れながら、学ぶ意欲につながる学習環境づくりを論じています。
学習コンサルタント的な立場からの学習論は、学校教員とは少し違った角度から実践と関わっていて、興味深いものがあります。
平井雷太著『セルフラーニング・どの子にも学力がつく』（新曜社、一九九〇）
すずきダイキチ著『子どものやる気を引き出し学力をつける法――自立のための親子「共育」プログラム』（一光社、一九九一）

岸本裕史著『家庭で伸ばす「見えない学力」』（小学館、一九九二）の三冊は、本書での話題と重なるところが多いので、紹介しておきます。

対談をお引き受けいただいた、和田さんと苅谷さんの著書からは、最新のもので、本書と密接に関連するものを紹介させてもらいます。

畑村洋太郎・和田秀樹著『失敗を絶対、成功に変える技術』（アスキー、二〇〇一）は、第2章で触れたように、私も強く共感した「失敗学」の畑村氏と、和田さんとの対談を出版したものです。企業での技術開発や経営の話が多く出てきますが、和田さんはそれを心理学的に裏づけて一般的なものにしようとしています。

苅谷剛彦著『階層化日本と教育危機——不平等再生産から意欲格差社会へ』（有信堂、二〇〇一）は、苅谷さんが近年発表してきた論文を再構成したもので、多くの統計データをあげながら、戦後日本の教育における「階層化」の実相とそのメカニズムを明らかにすることをねらっています。本書第3章の討論のもととなった、『中央公論』二〇〇〇年七月号の論文も、多少改変のうえ再録されているので参照できます。

PHP新書
PHP INTERFACE
http://www.php.co.jp/

市川伸一［いちかわ・しんいち］

1953年東京生まれ。東京大学文学部心理学専修課程卒業。文学博士。埼玉大学、東京工業大学を経て、現在、東京大学教育学研究科教授。日本教育心理学会理事長、文部科学省中央教育審議会臨時委員等を務める。専攻は認知心理学・教育心理学で、認知理論と教育実践を結ぶ仕事に関心がある。

著書に『考えることの科学』（中公新書）、『確率の理解を探る』（共立出版）、『開かれた学びへの出発——21世紀の学校の役割——』（金子書房）、『学習を支える認知カウンセリング』（編著、ブレーン出版）、『心理学から学習をみなおす』（岩波高校生セミナー）、『勉強法が変わる本』（岩波ジュニア新書）、『学力低下論争』（ちくま新書）など。

学ぶ意欲の心理学

PHP新書 171

二〇〇一年九月二十八日 第一版第一刷
二〇〇四年三月 十二日 第一版第三刷

著者——市川伸一
発行者——江口克彦
発行所——PHP研究所
東京本部——〒102-8331 千代田区三番町3-10
新書出版部 ☎03-3239-6298
普及一部 ☎03-3239-6233
京都本部——〒601-8411 京都市南区西九条北ノ内町11
制作協力
組版——PHPエディターズ・グループ
装幀者——芦澤泰偉＋野津明子
印刷所
製本所——図書印刷株式会社

ISBN4-569-61835-9

ＰＨＰ新書刊行にあたって

「繁栄を通じて平和と幸福を」(PEACE and HAPPINESS through PROSPERITY)の願いのもと、ＰＨＰ研究所が創設されて今年で五十周年を迎えます。その歩みは、日本人が先の戦争を乗り越え、並々ならぬ努力を続けて、今日の繁栄を築き上げてきた軌跡に重なります。

しかし、平和で豊かな生活を手にした現在、多くの日本人は、自分が何のために生きているのか、どのように生きていきたいのかを、見失いつつあるように思われます。そして、その間にも、日本国内や世界のみならず地球規模での大きな変化が日々生起し、解決すべき問題となって私たちのもとに押し寄せてきます。

このような時代に人生の確かな価値を見出し、生きる喜びに満ちあふれた社会を実現するために、いま何が求められているのでしょうか。それは、先達が培ってきた知恵を紡ぎ直すこと、その上で自分たち一人一人がおかれた現実と進むべき未来について丹念に考えていくこと以外にはありません。

その営みは、単なる知識に終わらない深い思索へ、そしてよく生きるための哲学への旅でもあります。弊所が創設五十周年を迎えましたのを機に、ＰＨＰ新書を創刊し、この新たな旅を読者と共に歩んでいきたいと思っています。多くの読者の共感と支援を心よりお願いいたします。

一九九六年十月

ＰＨＰ研究所

PHP新書

[思想・哲学・宗教]

002 知識人の生態 西部 邁
015 福沢諭吉の精神 加藤 寛
022 「市民」とは誰か 佐伯啓思
024 日本多神教の風土 久保田展弘
028 仏のきた道 鎌田茂雄
030 聖書と「甘え」 土居健郎
032 〈対話〉のない社会 中島義道
035 20世紀の思想 加藤尚武
042 歴史教育を考える 坂本多加雄
052 靖国神社と日本人 小堀桂一郎
057 家族の思想 加地伸行
058 悲鳴をあげる身体 鷲田清一
067 科学とオカルト 池田清彦
070 宗教の力 山折哲雄
078 アダム・スミスの誤算 佐伯啓思
079 ケインズの予言 佐伯啓思
081 〈狂い〉と信仰 町田宗鳳
083 「弱者」とはだれか 小浜逸郎
099 〈脱〉宗教のすすめ 竹内靖雄
113 神道とは何か 鎌田東二
117 社会的ジレンマ 山岸俊男
128 自我と無我 岡野守也
135 二十一世紀をどう生きるか 野田宣雄
137 養生訓に学ぶ 立川昭二
150 「男」という不安 小浜逸郎

[社会・文化]

014 ネットワーク思考のすすめ 逢沢 明
019 ダービー卿のイギリス 山本雅男
021 日本人はいつから〈せっかち〉になったか 織田一朗
026 地名の博物史 谷口研語
037 マドンナのアメリカ 井上一馬
041 ユダヤ系アメリカ人 本間長世
072 現代アジアを読む 渡辺利夫
084 ラスヴェガス物語 谷岡一郎
089 高千穂幻想 千田 稔
093 日本の警察 佐々淳行
102 年金の教室 高山憲之
109 介護保険の教室 岡本祐三
110 花見と桜 白幡洋三郎